WOLFRAM EILENBERGER
Ich glaub, ich werd zum Elch

W0354259

Buch

Es wird ja gern behauptet, in Nordamerika kämen die Menschen leichter miteinander ins Gespräch. Ich kann das so nicht bestätigen. Meine Probleme beginnen in der Regel bereits beim Gruß: How are you? Wie geht's? Klar, das ist keine Frage. Ich begreife und weiß das. Dennoch bleibt etwas in mir, das jedes Mal wieder ehrlich antworten will. Das erzählen will von der Steuererklärung des vorletzten Jahres, den Bandscheibenproblemen meiner Frau, der Sehnsucht nach einem 7-Minuten-Pils sowie dem geschwollenen Knöchel Bastian Schweinsteigers. Doch habe ich gelernt, an mich zu halten und zu tun, was zu tun ist: I am fine, and how are you?

Autor

Wolfram Eilenberger ist promovierter Philosoph, Autor mehrerer Bücher und Chefredakteur des Philosophie Magazins. Er ist mit einer Finnin verheiratet, Vater von finnisch-deutschen Zwillingen und hat in Finnland nicht nur studiert, sondern auch in der zweiten Fußballdivision gespielt. Er lebt mit seiner Familie in Toronto, Berlin und Koivumäki/Finnland.

Bei Blanvalet von Wolfram Eilenberger bereits erschienen:

Finnen von Sinnen (37583)
Ich glaub, ich werd zum Elch (37810)

Wolfram Eilenberger

Ich glaub, ich werd zum Elch

blanvalet

MIX
Papier aus verantwortungsvollen Quellen
FSC® C014496

Verlagsgruppe Random House FSC® N001967
Das FSC®-zertifizierte Papier *Holmen Book Cream*
für dieses Buch liefert Holmen Paper, Hallstavik, Schweden

1. Auflage
Taschenbuchausgabe September 2014 bei Blanvalet, einem
Unternehmen der Verlagsgruppe Random House GmbH, München.
Erschienen unter dem Titel: »Kanada kann mich mal«
Copyright © 2012 Wolfram Eilenberger / Blanvalet Verlag, München,
in der Verlagsgruppe Random House GmbH
Dieses Werk würde vermittelt durch
die Literarische Agentur Michael Gaeb.
Umschlaggestaltung: bürosued
Umschlagillustration: Getty Images/Mick Loates;
Getty Images/Stockbyte; www.buerosued.de
BL · Herstellung: sam
Druck und Einband: GGP Media GmbH, Pößneck
Printed in Germany
ISBN: 978-3-442-37810-4

www.blanvalet.de

Für Matt Galloway und alle,
die es ganz besonders gut meinen

Ich weiß, dass die Welt, die ich in den Städten und auf dem Lande antreffe, nicht die Welt ist, die ich *denke*.

Ralph Waldo Emerson, *Erfahrung*

I know that the world I converse with in the cities and in the farms, is not the world I *think*.

Ralph Waldo Emerson, *Experience*

1

HOW ARE YOU?

Stimmt. Es gibt keinen Grund, sich ernsthaft für mein Leben zu interessieren. Aber bei Gelegenheit fragt man dann doch nach, oder? Neu in der Gegend, ach. Und woher kommen Sie? Finnland, interessant. Wie war noch einmal der Name? Berufsbedingt, Ihre Frau, verstehe. Und die Kinder, Zwillinge. Na, so was! Zweieiig, ja, das sieht man.

Interessiert Sie nicht? Nicht im Geringsten? Macht nichts. Ich werde es Ihnen trotzdem erzählen. Im Prinzip habe ich die letzten sieben Jahre nichts anderes getan, als mich wildfremden Menschen vorzustellen. Da kommt es jetzt auf den einen oder anderen auch nicht mehr an.

Es wird ja gern behauptet, in Nordamerika kämen die Menschen leichter miteinander ins Gespräch. Ich kann das so nicht bestätigen. Meine Probleme beginnen in der Regel bereits beim Gruß: *How are you?* Klar, das ist keine Frage. Ich weiß das. Dennoch bleibt etwas in mir, das jedes Mal wieder ehrlich antworten will. Das erzählen will von der Steuererklärung des vorletzten Jahres, den Bandscheibenproblemen meiner Frau, der Sehnsucht nach einem Sieben-Minuten-Pils sowie dem geschwollenen Knöchel Bastian Schweinsteigers. Doch ich habe gelernt, an mich zu halten und zu tun, was zu tun ist: *I am fine, and how are you?*

Frage, Lüge. Gegenfrage, Gegenlüge. Ein trauriges Schauspiel, so gesehen. Ich meine, nicht dass man seinem Gegenüber gleich den ewigen Weltfrieden an den Hals wünschen müsste, aber eine kleine, ehrlich gemeinte Hoffnung zu Beginn hat noch keiner Konversation geschadet. Wie etwa beim deutschen Guten Tag. Das ist vernünftig und realistisch. In Finnland wünschen sich die Menschen gesprächseinleitend übrigens einfach nur einen Tag: *Päivää!* Gern auch als Dopplung erwidert: *päivää, päaivää!* Vor allem im Winter.

Schwierig, die Sache mit dem Grüßen. Großer Bär weiß das. Großer Bär ist unser Indianer. Genau genommen bewohnt er das Haus direkt gegenüber. Und noch genauer genommen handelt es sich bei Großer Bär nicht um einen Indianer, sondern um ein Mitglied der *First Nations* (so heißen die Indianer hier). Welcher *First Nation* Großer Bär konkret angehört, weiß ich nicht. Genauso wenig wie ich seinen richtigen Namen kenne. Großer Bär spricht nicht mit der Nachbarschaft. Stattdessen gibt er freundliche Handzeichen von seinem Campingstuhl im Vorgarten aus, wenn das Wetter es zulässt. Morgens, wenn ich die Kinder zur Schule begleite, und nachmittags, wenn wir heimkehren. Immer dieselbe Handbewegung. Nicht eigentlich ein Winken, mehr eine gelassene Klärungsgeste des angewinkelten Unterarms. Die Kinder können es schon ganz gut.

Im Moment geht es mir nicht besonders gut. Das hat vor allem mit dem nahenden Geburtstag meiner Töchter zu tun. Ich weiß nicht, ob Sie schon einmal vor der Aufgabe standen, auf einem kanadischen Großstadtschulhof in besserer Wohnlage vierzehn Einladungen an die jeweils bevollmächtigten Aufsichtspersonen zu verteilen. Konkret bedeutet dies, in weniger als fünf Minuten die Aufmerksamkeit eines knappen Dutzends weit über die Anlage verstreuter internationaler Kindermädchen zu erringen. Sogar geträumt habe ich vergangene Nacht davon: Ohne auf- oder mich gar anzusehen, streckt Joanna die Hand aus, lässt das rosafarbene Kuvert ungeprüft in die rechte Gesäßtasche ihrer eng anliegenden Jeans gleiten, um daraufhin – ihr in grausigen Schnatterlauten geführtes Mobiltelefonat nicht einen Moment unterbrechend – den ihr anvertrauten Sprössling herbeizuwinken. Mit dem Finger zeigt sie auf mich und ruft: *Ah … Abigail, do you want to go that party? Abigail, do you want to go with this man?*

So schlimm muss es nicht kommen. Aber selbst bei günstigstem Verlauf verbleibt die ebenso kleine wie feine Gruppe jener Hedgefonds-Gattinnen, die ihren ganzen Mutterstolz zeigen, indem sie ihr Kind tatsächlich eigenhändig die fünfhundert Meter von der Villa zur Schule fahren. Die wenigstens steigen aus. Doch wenn sie es tun, schützen sie sich durch ganzjährig getragene, sehr dunkel getönte Sonnenbrillen. Ein Schleier ist nichts dagegen. Mit einem *How are you* brauchen Sie es da gar nicht erst zu versuchen. Ich habe es wiederholt ausprobiert.

2

NO-GO

Wenn das alles jetzt zu Anfang sehr negativ geklungen hat, bedaure ich es, denn im Prinzip fühlen wir uns ausgesprochen wohl hier. Die Umstände, wie gesagt, sind heute besondere. Außerdem ist es ja so: Familien fühlen nicht. Das tun nur die Individuen, aus denen sie bestehen.

Unsere Familie besteht im Kern aus vier Individuen: meiner finnischen Frau Pia, den bald siebenjährigen Zwillingen Tyyne und Tuuli sowie mir. Und bevor Sie eigens nachfragen müssen, es handelt sich bei Tyyne und Tuuli tatsächlich um weibliche Vornamen. Durchaus gängige sogar. Zumindest in Finnland. Tyyne bedeutet übersetzt »Stille« oder »Friede«, insbesondere in Form der Ruhe eines Waldsees am frühen Morgen, Tuuli »Wind« oder »frohes Lüftchen«, insbesondere in Form einer erfrischenden Brise auf dem morgendlichen Waldsee. Also eine Art nordisch gewendete Yin-Yang-Dynamik. So hat es mir meine Frau erklärt.

Affig, gesucht oder gar kulturell gezwungen sollte ein Vorname ja in keinem Fall wirken. Andererseits aber auch nicht schal oder allzu gängig, wobei sich die Situation vor allem in Bezug auf die zweite der beiden Gefahren grundlegend verschärft hat. Mag man es Eltern, die beispielsweise den Nachnamen Herrmann tragen, noch nachsehen können, ihre Kinder in den Siebzigerjahren Jochen oder Julia genannt zu haben, lässt sich eine vergleichbare Entscheidung zu Beginn des dritten Jahrtausends nur als Verbrechen an der Zukunft des Sprösslings bezeichnen: Versuchen Sie mal, einen Jochen Herrmann, geboren nach 2000, im Internet zu finden! Hoffnungslos. Ein Wesen ohne Kennung und also Anerkennung.

Ebenfalls unbedingt zu vermeiden sind nach Möglichkeit Umlaute wie ä, ö oder gar ü. Wie hässlich das auf Mailadressen immer aussieht! Zumal die erforderte Abweichung der Schreibweise – zum Beispiel »bjoern.loeser« oder »bjorn.loser« – global keiner festen Regel folgt und damit lebenslange Nachfragen und Verwechslungen nach sich ziehen muss. Was wir da schon mitgemacht haben! Vor drei Jahren wäre uns um ein Haar die Einreise in die USA verweigert worden, weil die Schreibweise des Namens auf dem Arbeitsvisum meiner Frau (Paivio) nicht mit der Schreibweise in ihrem finnischen Reisepass (Päiviö) identisch war und sie bereits fünfzehn Jahre zuvor als »Pia Paeivioe« eine amerikanische *Social Security Number* zugewiesen bekommen hatte. Aber machen Sie derlei rein alphabetisch bedingte Auffälligkeiten mal einer eisenharten Einwanderungsbeamtin klar, während Ihre von einem zehnstündigen Air-India-Flug vollends entkräfteten vierjährigen Töchter simultan das Handgepäck vollkotzen.

Da sich die geteilte nationale Identität der Zwillinge nach unser beider Wunsch bereits im Namen widerspiegeln sollte, verblieb also ein überraschend klein gewordener Pool finnischer Vornamen zur Auswahl, die keine Umlaute aufweisen, wie es Äänis, Märta, Päivi, Heljä tun, und denen überdies kein allzu offensichtliches interkulturelles Hänselpotenzial zu eigen ist wie Titta, Lalli, Foka, Anu. Nur zu lebendig stand uns der Fall der guten Minna Järvenpää – einer Doktorandenkollegin meiner Frau – vor Augen, die als Ethnologin eine Juniorprofessur im bayerischen Bamberg angenommen hatte, jedoch binnen Jahresfrist nach Jyväskylä zurückkehren musste, da es ihrer damals zehnjährigen Tochter Heini trotz wiederholter Schulwechsel nicht gelingen wollte, sich erfolgreich in den jeweiligen oberfränkischen Klassenverband zu integrieren. Der Vorname spricht sich korrekt übrigens Häini aus. Aber was hilft das schon, in so einem Fall?

Vergleichbare Diskriminierungen drohen hierzulande nicht, denn an den Grundschulen Torontos werden Namenshänseleien als wahre Kapitalverbrechen betrachtet und streng geahndet. Absolutes No-Go, schlimmer noch als Nussartikel in der Lunchbox!

Wenn ich an die großen Pausen meiner westdeutschen Grundschulzeit denke, erinnere ich mich an wahre Nutella-Orgien (mit Gesicht einschmieren, Kacka-Animationen und allem Drum und Dran), bei denen sogar schwächliche Außenseiter munter mitmachten beziehungsweise mitmachen mussten, ohne dass es dabei auch nur einziges Mal zu Asthmaproblemen gekommen wäre. Bei genauerem Studium des warnenden Informationsblattes, das zu Beginn eines jeden nordamerikanischen Schuljahres von den Kindern zur Kenntnisnahme mit nach Hause gebracht wird, entsteht allerdings der Eindruck, es handle sich bei den Inhaltsstoffen der großen Familie der Nüsse um eine Mischung aus Schweinegrippeviren, Milzbrandbakterien und HI-Viren: »Selbst geringste Spurenelemente« könnten zu »lebensbedrohlichen Situationen« führen. Sofern in den eigenen vier Wänden direkter Kontakt mit Nüssen bestehe, sei »gründliches Händewäschen dringend erforderlich«, auf dem Gelände der Schule sei aber jegliches Nahrungsmittel, das Nüsse enthalte, und das zitiere ich jetzt im kanadischen Original, *absolutely verboten*.

Nutella-Brote als Pausensnack fallen für unsere Mädchen also aus, wie auch Nutella am Frühstückstisch. Wir alle – oder zumindest diejenigen, die einmal das Vergnügen hatten – wissen ja über das geschilderte Problem hinaus aus eigener Erfahrung, dass der Genuss von dick bestrichenen Nutella-Broten mit dem Verbleib dunkelbrauner Spuren an Körper und Kleidung einhergeht. Es ist schon sehr schade. Da stirbt ein Stück Tradition.

Doch bleiben wir beim Positiven! Man nimmt es in diesem Teil der Neuen Welt ganz besonders ernst mit dem Schutz von Minderheiten sowie der Sorge um die mannigfachen Gefahren sozialer Ausgrenzung. Deshalb ist es heute auch an mir, die Geburtstagseinladungen möglichst diskret unter den jeweiligen Aufsichtspersonen zu verteilen. Das Übergehen eines Teils der Kinder, erklärte mir Schulleiter Joe Conrad, erzeuge unnötige soziale Spannungen im Klassenverband, nähre ein Klima des Misstrauens und der Grüppchenbildung.

Ich glaube es gern, müsste allerdings eigentlich zu bedenken geben, dass Erstklässler des Sprechens mächtig und somit in der Lage sind, sich innerhalb ihrer jeweiligen Bezugsgruppe, in der Regel auch über deren Grenzen hinweg, über nahende Geburtstagsfeiern samt detaillierter Gästelisten öffentlich auszutauschen. Dergleichen geschieht, selbst wenn es nicht schön ist und am Ende manch einer traurig aus der Wäsche schaut. Um wenigstens die Fassade zu wahren, wird absolute Gleichbehandlung vorgetäuscht, indem das Problem in den Verband der Klasseneltern verlagert wird und damit in eine Gemeinschaft, deren Mitgliedern vergleichbare Spannungen, Kränkungen und komplex überlagerte Anerkennungsnöte vielleicht auch nicht ganz fremd sind.

»Mist!«

»Was ist denn Mist, Paps? Hast du die Einladungen wieder vergessen?«

»Nein, keine Sorge, Tuuli, heute habe ich sie dabei. Alles okay. Du weißt doch, dass der Papa manchmal mit sich selbst redet.«

»Ja, weiß ich. Aber was ist denn so Mist?«

»Nichts, wirklich, gar nichts. Alles in bester Ordnung.«

3

U2

Die Stille ist tief.

»Aber sonst ist alles in Ordnung?«, frage ich. Eine andere Erwiderung auf den Aufschrei »Huch, da sind ja zwei!« will mir partout nicht einfallen.

»Ja, so weit alles in Ordnung«, antwortet Dr. Concha Fernandez-Schubbach und lässt den Kopf des Ultraschallgeräts nun wieder routiniert über den eingegelten Unterbauch meiner finnischen Frau gleiten. »Wollen Sie das Geschlecht wissen?«

Wir blicken einander an.

»Das hintere hält sich versteckt, aber das vordere ist ein Mädchen. Sehen Sie hier, ganz klar, das Brötchen!«

Ich rücke ein wenig näher an den Monitor. »Ja, das Brötchen«, nicke ich mit zugekniffenen Augen, obwohl ich beim besten Willen kein Brötchen ausmachen kann und auch sonst nichts, was entfernt an werdende weibliche Geschlechtsorgane erinnert.

Klar zu erkennen sind die Brötchen erst Wochen später auf drei riesigen, frei von der Decke hängenden Plasmabildschirmen.

»Da, die Brötchen!«, flüstere ich meiner Frau mit brüchiger Stimme zu, während die Ärztin wohlgeschwungene Laserringe um die Nackenfalten der zappelnden Kreaturen zieht, wie ein Gott bei der Schöpfung es getan haben könnte. »Ist doch alles in Ordnung, oder?«

»Wir rufen Sie dann später noch einmal herein.«

Geduld haben.

Keine so leichte Sache. Aus Sicht des sorgenden Vaters gestaltet sich die Schwangerschaft ja als eine neun Monate währende Frage nach der Befindlichkeit seiner Mutter und deren Leibesfrucht. Sorry, ich meinte natürlich, seiner Frau oder Lebensgefährtin, oder wie immer sich die Beziehung im Einzelfall darstellen mag, und deren Leibesfrucht.

Die Ärztin gibt zum Glück Entwarnung. Es ist tatsächlich alles in Ordnung.

»Haben Sie Zwillinge in Ihrer Familie?«, fragt der diensthabende Assistenzarzt und sieht sich den erst leicht geöffneten Muttermund genauer an.

Ein sympathischer Mann mit Nickelbrille und modisch kahl geschorenem Kopf, leider Gottes in meinem Alter und deshalb naturgemäß nicht vertrauenswürdig.

»Ja, eine meine Tanten hatte welche. Und Großmutter von Mutter war auch einer«, antwortet meine Frau. Ich höre das nach sieben Jahren Beziehung, drei Monaten Ehe und fünfunddreißig Schwangerschaftswochen zum ersten Mal, will aber nicht wieder streiten, lächle also und umkralle mit beiden Händen den Henkel der Reisetasche, die seit Wochen fertig gepackt in unserer Wohnung stand.

»Sieht im Prinzip gut aus«, meldet der Höhlenforscher nach einer Weile. »Wann genau, sagten Sie, ist die Fruchtblase geplatzt?«

»Vor zwei Stunden«, blende ich mich von meinem Plastikstuhl am Kopfende der Liege ein. »Und was bedeutet, wenn ich kurz nachfragen darf, ›sieht im Prinzip gut aus‹?«

»Nun, es bedeutet, dass es im Prinzip gut aussieht. Sie haben es selbst gehört, die Herztöne sind in Ordnung. Das hintere Kind ist ein wenig kleiner, aber nicht so, dass es uns Sorgen bereiten müsste. Vor allem aber: keine Anzeichen einer Infektion. Hat Ihre Hebamme denn nicht erklärt, was in einem solchen Fall zu tun ist?«

O doch, das hatte sie. Sogar wiederholt. Aber soll ich dem guten Mann jetzt wirklich auseinanderlegen, dass die Mutter meiner Frau noch in einer finnischen Waldsauna das Licht der Welt erblickte, ohne Ultraschalluntersuchungen, Pränatalscreening und Schwangerschaftspilates, sondern mit nichts als einem Eimer warmem Wasser sowie den erfahrenen Händen der zahnlosen Familienhebamme Kaisa? Und dass meine Frau es mir, wie ich annehme, vor allem aufgrund dieser kulturellen Prägung kategorisch untersagte, nach dem Platzen der Fruchtblase mitten in der Nacht einen Krankenwagen zu rufen, um sich auf einer Trage angeschnallt vier Stockwerke hinuntertragen und dann mit Blaulicht in die Klinik abtransportieren zu lassen? Was hätte sie zu Hause auf der Hütte erzählen sollen?

Und soll ich ihm wirklich erklären, dass ich mich ihrer strikten Weigerung nicht zuletzt deshalb ergab, weil ich gewisse Zweifel hegte, ob es den Sanitätern gelingen würde, eine hundertdreißig Kilo schwere und knapp zwei Meter große hochschwangere Zwillingsmutter die vier Stockwerke unseres engen Friedrichshainer Treppenhauses herunterzutragen?

Die Möglichkeit einer längeren Verzögerung oder gar eines Unfalls stand mir konkret vor Augen. Außerdem erinnerte ich mich aus meiner Zivildienstzeit beim Roten Kreuz vage an gewerkschaftliche Bestimmungen hinsichtlich des für zwei Träger maximal zumutbaren Gesamtgewichts, weshalb wir unter, ich will es nicht verschweigen, manch ungerechten Beschimpfungen von Seiten meiner Frau (»Muss ich ja nicht jede deutsche Geschiss mitmachen, Mensch!«) Arm in Arm das Treppenhaus hinunterwankten und ein Taxi herbeiwinkten, das uns direkt vor dem Haupteingang der Charité in Berlin-Mitte absetzte.

»Es ging alles so schnell«, nuschle ich schuldbewusst.

»Na, die beiden kriegen wir schon heil raus, Frau Päiviö!«

»Und zwar heute noch«, wie Stationshebamme Anita nach kurzem Blickkontakt mit dem dritten Assistenzarzt des Wochenendes gute siebzehn Stunden später trotzig beharrt.

Es ist eine der seltsamsten Eigenschaften des menschlichen Bewusstseins, sich in entscheidenden Momenten auf absolute Nebensächlichkeiten zu konzentrieren. CD-Hüllen, zum Beispiel.

Jedenfalls ging mir exakt in dem Moment, als die über lange Stunden wie munterer Pferdegalopp klingenden Herztöne des kleineren Nupfes aussetzten – wie von Geisterhand war der Kreißsaal mit sieben oder acht Personen gefüllt –, zum ersten Mal in meinem Leben auf, dass der Bandname U2, laut ausgesprochen, als klare Anspielung auf die Ermordung von Julius Caesar aufgefasst werden kann. Und zwar im Sinne des *tu quoque, mi fili Brutus*, auch du (U2), mein Sohn Brutus, womit die Band ihr Publikum als Verräter, gar explizit als Mörder anspricht und mit dieser Ansprache also eine Gemeinschaft der Schuldigen stiftet, die im Hinblick auf das irisch-katholische Wertgerüst der Musiker wohl eher als Gemeinschaft von Sündern zu beschreiben wäre. Wobei der Name natürlich auch eine hellere, da dialogische Lesart offenlässt, nämlich als freudig einladendes »Du auch!« *(You, too)* oder gar als liebevolles »Ihr beide!« *(You two)*, was dann ja letztlich zu einem »Wir beide« führt, gleichsam die Einsicht einfangend, dass ein Du, um überhaupt ein Du sein zu können, eines zweiten Dus bedarf, womit sich die Dopplung des Zwillingsdaseins geradezu als ein menschlicher Urzustand begreifen lässt – und nicht etwa eine seltene Laune der Natur. Jedes Ich kommt zu zweit zur Welt.

Gut möglich, dass ich meiner tapfer pressenden Frau diesen Gedankengang bestärkend zuflüsterte, während ich ihre Hand hielt und die Schädeldecke der größeren unserer beiden Töchter gegen 23:04 Uhr der Wirklichkeit entgegentrat und das zweite Kind nur acht Minuten später nach einer geschickt gesetzten Stoßbewegung der Hebamme ohne nennenswerte Pressbemühungen Pias wie auf einer Wasserrutsche hinterhergespült wurde. Ich weiß es nicht mehr und weiß, dass auch meine Frau es nicht mehr weiß.

Doch da waren sie. Da schrien sie. Die Jüngere, ob ihres strohblonden Schopfes von der Oberschwester sofort als »kleine Schwedin« identifiziert, ungleich kräftiger.

Na, du! Und du! Ich würde es noch unendlich oft sagen.

4

VON BAUM ZU BAUM

Mit drei Rucksäcken über der Schulter krame ich in der Hosentasche nach dem Schlüssel. Seit fünf Monaten der erste Tag ohne Handschuhe. Ein Südwind aus Florida trägt den Duft des Frühlings bis vor unsere kanadische Haustür.

Geschafft.

»*Look, Tyyne, look, a squirrel!*«

»*Wow, it's a black one!*«

»Ja, ein schwarzes Eichhörnchen«, wiederhole ich. »Der Teufel ist ein Eichhörnchen, wusstet ihr das?«

»Wieso ein Eichelhörnchen?«, will Tuuli wissen.

»Eichhörnchen. Na ja, weil es der Teufel auch eilig hat, weil er immer von Ast zu Ast springt, weil er sehr geschickt ist und deshalb sehr schwer zu greifen, glaube ich.«

»Macht der Teufel das auch, *I mean … hibernate*?«

»Du meinst Winterschlaf halten?«

»Ja, Winterschlaf.«

»Nein, der Teufel schläft nicht. Er schläft nie. Der ist immer wach. Das ist mehr so eine Redensart, verstehst du. Eine Redensart.«

Im Grunde begreife ich es selbst nicht. Womöglich hatte es ursprünglich mit dem teufelsroten Fell der Eichkatz zu tun. Aber hier gibt es so gut wie keine Eichhörnchen mit rotem Fell. Ehrlich gesagt bin ich mir nicht einmal sicher, ob es sich bei *squirrels* überhaupt um Eichhörnchen handelt. Echte Eichhörnchen meine ich, also, deutsche Eich… Die hiesigen sind merklich größer und keineswegs scheu oder ängstlich, sondern ausgesprochen selbstbewusst. Geradezu vorwitzig springen sie durch die Ahornbäume der Vorgärten. Manche haben auch graue Streifen im Fell. Oder sind das Streifenhörnchen?

»Tyyne, wie heißen Streifenhörnchen noch einmal auf Englisch?«

»Was?«

»Isi haluaa tietää mikä on Tikku ja Takku englanniksi«, übesetzt Tuuli.[1]

»Ah, du meinst *chipmunks*!«

»*Chipmunks*, genau. Danke.«

»But that was a squirrel, not a chipmunk!«

»Schon gut, ich wollte ja nur wissen, was Streifenhörnchen auf Englisch heißt.«

Wie jeden Morgen folgt Großer Bär dem Schauspiel

---

[1] Mein Finnisch ist nicht besonders, aber soweit ich es verstehe, sagt sie: Papa will wissen, wie Tikku und Takku (womöglich die finnischen Namen für die deutschen Disneyfiguren Ahörnchen und Behörnchen) auf Englisch heißen.

in aller Seelenruhe. Er ist lange nicht mehr von Baum zu Baum gesprungen. Seit mehreren tausend Jahren, stelle ich mir vor, sitzt er schon an seinem Ort, schweigend, und sieht zu, wie Fremde an ihm vorbeiziehen. Wie sie kommen. Und wieder gehen.

Toronto – in der Sprache der eingeborenen Indianer bedeutete das ursprünglich »Platz der großen Versammlung«. Dreieinhalb Millionen Menschen leben hier mittlerweile. Alles Fremde, soweit es Großer Bär betrifft. Er hat alle Zeit der Welt. Er muss nur sitzen und warten.

Er winkt uns durch.

5

IGOR

Igor sagt, die kanadischen Eltern der Schule feiern die Kindergeburtstage nur deshalb nicht zu Hause, weil die Familien kaum Möbel und anderes Inventar besäßen. Alles nur Fassade, sagt Igor. Von außen, ja, da sähen die Häuser groß und prächtig aus, aber innen: alles *shit*! »*They live like poor people*«, sagt er. »*It's all fake.*«

Nun, das sind Igor-Theorien. Er ist der einzige Elternteil, der auf dem Schulhof mit mir redet. Gleich am ersten Schultag kamen wir, als »alte Europäer«, wie der Serbe scherzte, gut ins Gespräch. Seine Tochter Olga ist mit meinen Kindern derzeit »bff« – also *best friends forever*.

Es ist als Neuling auf Schulhöfen der Fremde nicht leicht, einem Typ Igor zu entgehen. Dass schon seit Jahren niemand aus der Elterngemeinschaft mehr mit ihm reden will, weiß man ja am Anfang nicht. Nach dem dritten Tag, wie aus dem Nichts, steht Igor plötzlich wieder neben einem, womit man in den Augen der Gemeinschaft klar als Freund von Igor markiert ist (»bff«), damit ebenfalls sozial geächtet, und wenn man nicht aufpasst, beginnt man nur wenige Monate später eigenartige Geschichten über die Einrichtung von Häusern zu verbreiten, die man nie von innen gesehen hat.

Nicht zuletzt deshalb schien es meiner Frau und mir eine gute Idee, die Gäste zu uns nach Hause einzuladen. Wer weiß, was für Theorien über uns im Umlauf sind? Außerdem konnten wir uns nicht vorstellen, den Geburtstag, wie auf diesem Kontinent sonst guter Brauch, in die Katakomben eines Einkaufszentrums am Rande der Stadt auszulagern. Wie ein Dieb zwängt man die Kinder durch den Hintereingang des Komplexes, tastet sich durch ein weit verzweigtes System unverputzter Betongänge bis zu einer Stahltür, hinter der sich wahlweise ein Schwimmbad, eine Stadt aus Springburgen, eine Trampolinhalle oder auch das weitläufige Ersatzteillager einer Teddybärfabrik befindet. Die gemieteten Animateurinnen haben das arbeitsfähige Alter knapp erreicht, zwischendurch wird Pizza angeliefert, schließlich das Neonlicht ausgemacht und der von Wunderkerzen sprühende Kuchen hereingetragen. Ich habe nichts gegen Integration, aber irgendwo muss Schluss sein.

Vieles wird heute davon abhängen, zu frühen Kontakt zu vermeiden. Denn sollten Joanna & Co. Wind davon bekommen, dass Igor für seine Tochter zugesagt hat, wird es eine Feier im kleinen Kreis. Wie bei Igors Tochter Olga vor sechs Wochen. Wir fuhren zu ihrer Geburtstagsfeier hinaus bis zur Endstation nach Kipling, stiegen mit dem Bus noch zweimal um, um schließlich, der Wind blies eisig, für die letzten beiden Kilometer ein Taxi zu bemühen. Den ganzen langen Nachmittag verloren sich die Mädchen in einer selbst erdachten Abenteuerwelt. Die schweren Polstermöbel des Wohn- und Esszimmers wurden zu Burgen, die zahllosen Häkeldecken zu Inseln. An den Wänden ambitioniert gerahmte Balkanidyllen in grellen Ölfarben, klar: Das waren die Drachen! Dragana backte Torten, während Igor und ich im Souterrain in seinem sogenannten »Bunker« saßen und bei hausgemachtem serbischem Slibowitz und scharfer Knackwurst Fotoalben aus der Militärzeit durchgingen.

Er glaube nicht an Gott, sondern an Regeln, erklärte Igor ernst, und er verstehe einfach nicht, was so fürchterlich daran sei, das eigene Kind hin und wieder auch mal zu ohrfeigen. Diese Kanadier hätten einfach den falschen Ansatz. Zu weich, zu verständnisvoll.

»Sie verwöhnen sie total, haben überhaupt keine Kontrolle über sie. Aber, weißt du, wenn ich einen Hund habe, erzieh ich den ja auch so, dass er tut, was ich ihm sage. Strenge ist das Beste, finde ich – für Hunde und für Kinder.«

Ich nicke und trinke. Weshalb er seine Kinder jeden Tag neunzig Minuten durch die Stadt fahre und nicht hier in der Nachbarschaft zur Schule schicke, frage ich. Das Viertel sei doch ganz neu, wirke schön und proper.

»Weil ich die Statistiken gecheckt habe«, meint er. »Cedarvale ist die bessere Schule, glaub mir.«

Das Problem, nicht im Einzugsgebiet zu wohnen, habe er durch ein spezielles Arrangement gelöst. Igor lässt es hinter den Backenzähnen zweimal verschwörerisch klacken. Dann wechselt er das Thema. Er müsse mir unbedingt die Eigentumswohnung zeigen, die er erst am Tag zuvor per Anzahlung für sich gesichert habe. Seine insgesamt sechste. Der Bau sei auch in diesem Fall noch in der frühen Planungsphase, aber eine Topfirma, das Grundstück in Flughafenzubringernähe, das sei ja das Mindeste, wie er sich ausdrückt.

»*No-brainer*!«, sagt Igor.

Wir betrachten am Computer den animierten Grundriss des fünften von dreiundfünfzig Stockwerken. Wenn der Komplex in drei Jahren steht, wird sich der Preis für die Objekte verdoppelt haben. Ob ich auch einsteigen wolle, es seien noch einige Apartments auf dem Markt, zum Frühkäufervorzugspreis. Man spare fünfzehn Prozent. Seine Frau und er makelten übrigens nebenbei. Er mittlerweile sogar hauptberuflich.

Die Frage ist ja immer, was ein Mensch tun soll, wenn die Erfahrungen, die er macht, mit den Vorurteilen übereinstimmen, auf die er nicht stolz ist. Manchmal denke ich, es gibt ganze Länder, die sich in diesem Dilemma befinden. Kanada, zum Beispiel.

Nein, keine Immobilie. Wir besitzen derzeit nicht einmal ein Auto. Zur Schule laufen wir. Zur Uni im Zentrum sind es für meine Frau mit der U-Bahn zehn Minuten. Die Lage ist schon spitze: Claxton, Ecke Connaught, gleich das erste Haus rechts. So habe ich es bislang allen erzählt – was nicht eigentlich gelogen ist. Nur dass unser Haus in Wahrheit auf der Kenwood, Ecke Claxton steht und dass zwischen diesen beiden Straßenzügen gut eine halbe Million kanadische Dollar liegt (ich habe Igor gefragt). Außerdem bewohnen wir auch nicht das ganze Haus, sondern nur die oberen beiden Stockwerke der linken Doppelhaushälfte. Ein Stadthaus, wenn man so will. Gemietet. Ich kann offen darüber sprechen. Heute erfährt es eh jeder. Die Einladungen werden es ans Licht bringen. Und wo wir gerade dabei sind – aus Finnland kamen wir auch nicht nach Kanada, sondern aus den USA. Aus Bloomington, Indiana, um genau zu sein. Finnland klingt aber sympathischer. Irgendwie gesünder. Menschlicher. Authentischer. Finde ich jedenfalls.

Vermutlich hat das etwas mit dem Wald zu tun, besser gesagt: unserer Vorstellung von ihm. Die Namen sagen ja schon alles – Kenwood Avenue, Nähe Cedarvale Park (Zederntal), Stadtteil Forest Hill (Waldhügel). In Bloomington hieß unsere Straße Maplewood Drive, gelegen auf den Elm Heights (Ulmenhügel), und sogar im Zentrum Berlins war es der Friedrichshain, in den es uns zog. Aufgewachsen bin ich in einem Vorort von Karlsruhe, und zwar, es fällt mir heute zum ersten Mal auf, der Waldstadt.

Waldstadt, ein Widerspruch in sich und genau das, was wir wollen, weil der Wald doch der einzige Ort ist, an dem eine wahrhaft gesunde Kindheit möglich ist. Nicht wahr? Kaum einer will allerdings ernsthaft dorthin zurück. Schon gar nicht in den finnischen Urwald.

Vielleicht lässt sich der von modernen Eltern angestrebte Kompromiss auch so zusammenfassen: Es sollte Sichtkontakt zu Eichhörnchen bestehen.

Wir machen uns auf den Weg.

»Achtung, Kinder, nicht allein über die Straße rennen!«

6

HOME AGAIN

Langsamärrr«, nörgelt meine finnische Frau, tief in eine ausgedruckte Karte versunken. »Mussten wir gleich da sein.«

Kein Problem. Ich bin diese Strecke bereits wiederholt abgefahren. In Unterhosen, spätnachts, von unserem finnischen Ehebett aus. Im Moment sitze ich in einem vollklimatisierten Toyota Highlander und trage ein nagelneues, hellblau kariertes Tommy-Hilfiger-Hemd samt ebenfalls nagelneuer Calvin-Klein-Jeans. Ob unser Sexleben bei Markennamen wie Bernhard Groß und Pete Schefframmler wirklich anders aussähe? Lassen wir das. Worum es heute in erster Linie geht, ist, einen vertrauenswürdigen Eindruck zu vermitteln. Das fängt bei der Kleidung an. Gesichertes Konsumverhalten, mit Tendenz ins obere Drittel. Genau danach sah der Maplewood Drive auf Google Street View aus: frei stehende Einfamilienhäuser, sauber gemähte Vorgärten mit würdigen Bäumen, deren starke Äste in gemäßer Höhe über den Asphalt ragen. Zwei Autos pro Garagenunterstand.

So kam mir der kostenfreie Upgrade der Autovermietung am Flughafen von Chicago auch mehr als gelegen. Keine Ahnung, womit ich das verdient habe, aber dieses leicht erhobene Fahrgefühl in einem SUV, das hat schon was. Nur mit der Sicht nach vorn ist es mir auch am zweiten Tag noch ein wenig fremd. Die Winkel … irgendwie ungünstig. Gesehen habe ich jedenfalls nichts vorhin. Nur gespürt. Kann, wenn überhaupt, nur ein kleines Tier gewesen sein. Womöglich auch ein Zweig.

»Langsamärrr, Mensch du!«

Ich fahre keine dreißig. Meilen. Bei Gott, es sind trotzdem rettende Worte, da in besagtem Moment ein Kleinkind mit seinem Dreirad in kaum kontrollierten Schlenkern von links eine steil abfallende Garagenausfahrt hinuntersaust. Ich trete auf die Bremse.

»Hier«, sagt meine Frau, noch immer in ihre Karte vertieft, während unsere Töchter, vom Ruck der Vollbremsung geweckt, sich unter leichtem Winseln die Augen reiben. Es ist wie in der Werbung und also sehr unheimlich. »1224. Das müss der Haus sein.«

In der Tat, ich erkenne es sofort wieder, unser zunächst für ein Jahr in Bloomington angemietetes *sunny, quiet, 240 sq. ft. fully furnished 4 bedroom home with an office and 2 full baths (one whirlpool) … featuring two large decks with gas grill and gorgeous views … a large sunny eat in kitchen w/dishwasher and fabulous bird watching. Available August 2007-July 2008 (ending date negotiable).*

Wenige Sekunden später stürmt eine schwarzhaarige Frau im Seidenpyjama, erkennbar ohne BH, barfuß auf die Straße und reißt die Rennfahrerin von ihrem Dreirad. »*Hija, que no puedes salir sin preguntarme*«, schimpft sie. Sie regt sich wohl auf, dass die Kleine, ohne zu fragen, rausgegangen ist. Es ist aufgrund des starken amerikanischen Akzentes nur schwer zu verstehen.

»*Hi, I am Donnah.*« Donnah winkt ins Fahrerfenster. »*Welcome, well … home! Naomi, dile hola a nuestros amigos!*«

Naomi will uns aber nicht begrüßen, sondern wälzt sich kreischend auf dem glühenden Asphalt.

Saul, der Gatte der Hausbesitzerin, erwartet uns in Bermudas und Birkenstock-Schuhen in der Küche und schneidet Tomaten. »Herzlich willkommen«, schnurrt er durch seinen grauroten Vollbart. »*And tervetuloa*!«

Wie nett, er heißt uns auf Deutsch und Finnisch willkommen. Oh, und ja, vor der Umarmung erst mal das Messer zur Seite legen.

Bald stehe ich mit einem Pfirsichsaft in unserer zukünftigen *sunny eat in kitchen* und lasse – einfach, weil es schön klingt – noch mehr Eiswürfel aus einer in den linken der beiden Kühlschränke integrierten Maschine in mein Halbliterglas klackern. Amerika! Die Kühlschränke sind größer als meine Frau und schimmern silbern in der Mittagssonne des Mittleren Westens. Sehen ein bisschen wie die Twin Towers aus, zwinkere ich Donnah zu, die, wie sich herausstellt, in New York geboren und aufgewachsen ist.

Schweigend und staunend, mit den Kindern an den

Kniekehlen, werde ich weiterhin Zeuge, wie meine finnische Frau den Blick nach draußen auf das durch einen Stacheldraht geschützte Wildgehege als *extremely beautiful*, den von verbranntem Gras in tristem Braun flimmernden Garten als *a dream come true*, das winzige Deckenfenster als *great idea*, die Anreise als *totally smooth* und die auf Antik getrimmten Kupferknäufe der Küchenschubladen als *super stylish* bezeichnet.

»*Really, you like them*?«, fragt Donnah unsicher.

»*Oh, I absolutely looooove them*«, antwortet meine Frau und toppt das noch mit der Behauptung, wir hätten noch vor wenigen Wochen für unsere finnische Waldhütte praktisch identische Türknäufe ausgesucht.

Sogar ihre Stimme klingt verändert. Ein anderer Mensch, im Grunde. Nicht einmal unsympathisch, nur neu und fremd. Niemals zuvor sind aus ihrem Mund derartige Adjektive an mein Ohr gedrungen, hatte sie mir doch bereits am zweiten Morgen unserer Beziehung klargemacht, dass im Finnischen gut *(hyvä)* tatsächlich gut bedeute und höhere Formen des Lobes in ihrer Kultur nicht vorgesehen seien.

Eiskalte Gedanken. Wie wenig ich über ihr amerikanisches Selbst weiß. Und auch ihr finnisches. Ich kann sie ja noch nicht einmal in ihrer Muttersprache verstehen. Am linken Kühlschrank, oberhalb des Eiswürfelspenders, haftet ein lustiger Magnetsticker: *How can I control my life if I can't control my hair?* Gleich darunter ein zweiter: *What would Buddha do?* Gute Frage.

Wo der Whirlpool wohl sein mag?

Die Kommunikationssituation bei Tisch gestaltet sich erwartungsgemäß recht komplex. Während Saul mir sozusagen auf Deutsch sein Forschungsprojekt erläutert – eine, wie ich bereits aus dem Internet weiß, pädagogisch-anthropologische Feldstudie über die Wirksamkeit von staatlich verordneten Gleichheitsdiskursen an guatemaltekischen Gesamtschulen –, legt Donnah meiner Frau ohne erkennbaren Anlass die mehrjährige Geschichte ihrer künstlichen Befruchtungsversuche dar.

»But in the end it all worked out! Naomi, todos estamos muy felizes, right?«

Naomi scheint aber nicht glücklich zu sein, sondern wälzt sich kreischend auf den erdfarbenen Kacheln der *Eat-in*-Küche. Schwieriges Alter, zugegeben. Die zwei Jahre ältere Tochter, Zia mit Namen und bis dato konzentriert in der Nase bohrend unter dem Tisch, wird nun lautstark ermuntert, sich zu zeigen. Die Goldbergs, wie Donnah erklärt, erziehen ihre Kinder dreisprachig, und zwar in Spanisch, Englisch und Amerikanischer Gebärdensprache. Wow!

Donnah, die gerade ihren zweiten Kurs am Community College abgeschlossen hat, stellt sich jetzt mit Zia auf und initiiert ein Gebärdenspiel, das übersetzt »Wir freuen uns sehr, dass ihr da seid!« bedeuten soll.

Unsere Zwillinge sehen nicht recht hin, sondern starren, den Tränen nahe, von jeweils einem Elternschoß apathisch auf Naomi, die auf dem Küchenboden liegt und um ihre eigene Achse rotiert.

»Bei uns wäre es jetzt acht Uhr abends«, erkläre ich

entschuldigend, seit Stunden saftige Hamburger vom Gasgrill, der auf einer der zwei Veranden steht, erträumend. Es gibt dann aber Donnahs Auberginenauflauf beziehungsweise Sauls Vollkornspaghetti mit gedünstetem Gemüse.

Ach. Auch unsere Kinder essen weder das eine noch das andere und sehnen sich auf Finnisch lautstark nach Hause zurück – womit sie auf Nachfrage den Hotelpool meinen, in dem sie am Vormittag hatten plantschen dürfen.

Die Symptome des Jetlags sind allgemein bekannt: Konzentrationsschwäche, Fahrigkeit, Schlafstörungen, tagträumende Absenzen, Heißhungerattacken, innere Unruhe und empfundener Handlungsdruck, der sekundenschnell in totale Ermattung umschlägt; generell erhöhte Reizbarkeit. Sie treten bei so gut wie jedem Menschen auf, sofern die Zeitzone des Zielortes eine Differenz von fünf oder mehr Stunden zum Heimatort aufweist.

Ich weiß nicht, ob es dazu eigene Forschungen gibt, aber rein von der Symptomlage scheint es in diesem Sinne angebracht, auch die ersten fünf Lebensjahre eines Menschen als fortwährenden Jetlag zu bezeichnen – oder eben Birthlag. Grob gesagt stellt er eine langwierige Folge der anforderungsreichen Umstellung von Uterus- auf Erdenzeit dar. Betroffen davon sind sowohl die Kinder als auch deren Eltern, natürlich mit dem Unterschied, dass die Kinder später über keinerlei Erinnerungen an diese Zeit mehr verfügen. Vermutlich ist die Umstellung aus Sicht des Kindes noch traumatischer und kann von der betroffenen Psyche deshalb nur unter der Bedingung vollständiger späterer Auslöschung ertragen werden.

Immer wieder treten aber auch erwachsene Menschen in unser Leben, die nie ganz angekommen zu sein scheinen, sondern gleichsam noch immer damit kämpfen, sich und ihre biologische Uhr auf Wirklichkeit umzustellen.

Donnah rennt zum dritten Mal vom Büro am Ende des Ganges zurück in die Küche und fragt ihren abspülenden Gatten, wo sie den Zeitmietvertrag zuletzt abgelegt habe.

7

BAMBI

Bei der Überlegung, wie die Kinder ruhig zu stellen sind, während die Erwachsenen sich zur Hausbegehung aufmachen, schlägt Zia vor, *Findet Nemo* anzuschauen, eine Wahl, die ich meinen Töchtern durch Händeklatschen sowie die Versicherung schmackhaft mache, es handle sich um einen Disney-Film.

»*Pixar, not Disney!*«, protestiert Naomi mit einer Tüte organischer Nachos im Arm.

Anyway, es ist jetzt keine Minute zu verlieren. Pia holt unsere Videokamera, Saul hält die seine bereits in der Hand. Wir fangen beim Bad an. Der linke Schalter für das Licht, der rechte für den Whirlpool, erklärt Donnah und zieht den Duschvorhang vor der knietiefen Badewanne zur Seite. Ich würde noch oft an ihre Anweisung denken müssen, praktisch jede Nacht, in der ich schlaftrunken nach dem Lichtschalter tastete und das tiefe Röhren und Rotzen der leerlaufenden Düsen Frau und Kinder in den benachbarten Zimmern aus dem Schlaf riss. Die papierdünnen Wände des *lovely wooded lot* boten akustisch kaum Schutz.

Die folgende Dreiviertelstunde vergeht unter Donnahs minutiösen Schonungs- und Reinigungsanweisungen für die eigens aus Schweden über einen New Yorker Händler importierten, unglaublich teuren, energiesparenden Flachsvorhänge des Kinder- und Schlafzimmers.

»*I think I know that stuff – hot water* «, murmelt meine Frau nach kritischer Prüfung der Plastikschiebetür zur Veranda neben dem Ehebett.

Es könne im Winter sehr kalt werden, fast wie in Skandinavien, bestätigt Saul.

Im Nachhinein, denke ich, hätte es uns misstrauisch stimmen sollen, dass keiner der von Donnah eilig angerufenen Nachbarn sich bereit erklärte, zur Unterzeichnung des Leasingvertrages kurz vorbeizuschauen. Familienfreund Dave von direkt gegenüber, ein »wahnsinnig netter, immens talentierter Jazzmusiker« aus der »wahnsinnig lebendigen, freien Szene Bloomingtons«, entschuldigte sich gar damit, er müsse noch Saxophon üben – was er dann auch unüberhörbar tat.

Indes, ohne Zeugenunterschrift kein gültiger Abschluss, so viel ist auf der letzten Seite des in den Wochen zuvor mehrfach unter dem Ozean hin und her gefaxten Mietvertrags deutlich vermerkt. Ich schlage vor, sich unter den gegebenen Umständen einfach fiktiv zu vervielfachen und bei laufender Kamera Fantasienamen einzutragen. Doch Donnahs telefonisch zu Rate gezogener Versicherungsagent, ein gewisser Lance Eberle, rät kategorisch ab.[2]

»*Well, Donnah, it's your house*«, seufzt Saul und nimmt Pia mit ins Wohnzimmer, um ihr zu erklären, wie im Falle eines Tornados unsere ganze Familie im Kamin Platz finden könne. Eine vertrackte Situation.

Was würde Buddha tun?

»Bambi, Bambi, da ist eine Bambi im Garten«, stürmt Tuuli herein und fällt gemeinsam mit der hauchdünnen Fliegengittertür des Verandazugangs vor unsere Füße. »Nix passiert«, meldet sie tapfer. »Aber da, da draußen ist eine Bambi!«

Auch die Goldberg-Kinder haben Bambi gesehen, direkt hinter dem Stacheldraht weidet das Kitz. *There! Acá! Da! Tuolla! Tuolla! Kato! Look!* Schau! Bambi ! Bambi!

Endlich, ein gemeinsames Wort. Der Anfang einer neuen Welt. Es kommt sogar zu Umarmungen.

Noch lange sitzen wir bei grünem Tee auf der Veranda, sehen den Kindern beim Spielen im Sandkasten zu und sprechen über die Schulen der Umgebung. Donnah schwankt noch zwischen Montessori und Hausunterricht, und als Saul endlich nachfragt, darf meine Frau von unseren Erfahrungen im finnischen Kindergartensystem erzählen: Ganztagsbetreuung. Ab dem neunten Monat. Gesetzlich garantiert. Für fünfunddreißig Euro im Monat.

---

2 Am folgenden Tag rief Saul zwei seiner Studentinnen an, die sich, ohne zu zögern, zur Unterschrift bereit erklärten.

»*Thirtyfive bucks? Get out of here!*«, entfährt es Donnah.

»*Juuu. For both of them.*«

Da ist sie wieder. Ganz die Alte.

Es gibt nur noch ein Problem. Das Haus ist noch nicht ganz bezugsfertig für uns, so müssen wir eine weitere Woche im Hotel verbringen.

Mindestens eine unserer Töchter kommt seit diesem drückenden Augusttag 2007 mitten in der Nacht zu uns ins Bett gekrochen, weil sie schlecht von einem Hai geträumt hat, der aus der Tiefe des Meeres direkt auf sie zugeschwommen ist und sie auf Spanisch bedroht hat. Und es vergeht kein Morgen, ohne dass meine Frau – meist nach besagten Nächten – plötzlich ihre Zeitungslektüre unterbricht, um der ganzen Familie am Frühstückstisch mitzuteilen, was für eine »scheißerliche Idee« es doch sei, die eigenen Kinder in einer Fremdsprache zu erziehen.

»Was denken sich der Menschen bei so was?«, schimpft sie, immer wieder von Neuem erregt. »Da fangen der Donnahs Kinder sowieso irgendwann an, Englisch mit der zu sprechen, wirst du sehen, gibt es genugend empirischer Studien!« Vor allem aber: »Was ist mit der persönlicher Verhältnis, wenn der Mutter selbst gar nicht gut Spanisch kann, dann kennen der Kinder ihrer Mutter ja gar nicht richtig, wissen gar nicht, wer der ist und wie der spricht, der ganze Nuancen fehlen da, der ganze Nähe. Ich werde da immer so pisst, wenn ich nur daran denke, weil das Sprache doch der eigentliche Zuhause von Menschen ist, oder nicht?«

»Ja, du Gute, ich finde es auch etwas übertrieben.«

»Könntest du dich vielleicht vorstellen, der Mäuse in Englisch zu erziehen?«

»Nein, natürlich nicht«, sage ich.

»Siehst du, und dabei ist deiner Englisch ja noch besser als der Spanisch von Donnah«, womit wir schweigend zur Lektüre zurückkehren, während die Mäuse sich in ihrer geheimen Zeichensprache recht eindeutig untereinander zum Thema äußern.

8

FELDSTUDIEN

Tante Maini und meine Frau sitzen am Küchentisch und rühren seit zehn Minuten schweigend in ihrem Tee. Offenbar eine Art Vorspiel. Tante Maini ist die Leiterin unseres Turkuer Kindergartens, oder besser gesagt, unseres Tagesheims *(päiväkoti)*. Der abendliche Hausbesuch ist ein Teil ihres staatlich finanzierten Fortbildungsprojektes. Durch gezielte Fragen nach dem Lebensalltag der Familien soll es auf der Basis von Mainis Feldstudien finnischen Frühpädagogen gelingen, die Bedürfnisse der betreuten Kinder in Zukunft noch besser zu stillen und ihre Talente noch besser zu fördern. Maini kommt direkt von der Arbeit. Sie trägt einen grauen Hosenanzug im Mao-Design.

Das Einzige, was ihrem gütigen, wenn auch ein wenig ausgemergelt wirkenden Gesicht Farbe verleiht, ist das eisblaue Kunststoffgestell der Brille. Vom Alter her hätte sie bereits meine Frau auf den Topf *(potta)* setzen können.

Dort, wo ich herkomme, werden vergleichbare staatliche Besuche vom Sozialamt durchgeführt, und zwar bei sogenannten Problemfamilien. Zum Schutz der Kinder. Meist aufgrund konkreter Verdachtsmomente. Oder sogar Anzeigen. Meine Frau hält diesen Verdacht für vollkommen lächerlich.

»Du immer mit deiner deutsche Gedanken. Das Maini meint das doch nicht so, macht der nur ihrer Forschung.«

Mag sein. Aber was soll das eigentlich heißen, die Beteiligung an der Studie sei freiwillig? In der DDR musste auch keiner zur Wahl gehen!

Bei der alleinerziehenden Brasilianerin zwei Stockwerke über uns, deren älterer Sohn sich im Kindergarten jeden Morgen aufs Neue erfolgreich weigert, seine durch ein eingenähtes Noppenprofil absolut rutschfesten Kita-Wollsocken anzuziehen, war Maini vergangene Woche zu Besuch. Fortbildung, drei Jahre vor der Rente. Pah!

Ich liege mit den Kindern auf dem Matratzenlager im Wohnzimmer und lese aus einem Bilderbuch vor. Jede Doppelseite zeigt neun farbenfrohe Gegenstände, jeweils zu einem alltagsnahen Themenfeld gehörig. Eine Doppelseite für das Badezimmer, eine für Gemüse, eine für Früchte, eine für Tiere des Waldes. Unter jedem Einzelbild steht in wunderbar regelmäßiger Schreibschrift das finnische Wort, das den gezeigten Gegenstand bezeichnet. Es ist wie ein Quiz. Ich zeige, und Tuuli oder Tyyne oder beide müssen mir dann sagen, wie die abgebildeten

Dinge auf Deutsch heißen. So lernen wir alle etwas. Die Kinder Deutsch, ich Finnisch.

Zu Beginn des Besuches hatte ich noch mit am Tisch gesessen und einleitend, so gut es eben ging, meine *Tervetuloa-Minä-olen-Rami-Ulkona-on-kylmä-Lapset-ovat-onnellinen-Suomessa*-Nummer[3] durchgezogen. Aber mehr war von meiner Seite einfach nicht zu sagen und mein Tee bald ausgetrunken. Vor allem aber muss sich ja irgendjemand um die Zwillinge kümmern, während die gute Maini ihre und unsere Freizeit der angewandten Sozialwissenschaft opfert.

»*Mansikka, mansikka.*« Tuuli zeigt begeistert auf das Bild mit der Erdbeere.

»Ja, Erdbeere, die ERD-BEERE!«

»Ärdbärre!«

»Ja, Erdbeere, gut! DIE ERD-BEERE. Schmeckt fein, hmm, Erdbeere, macht die Mummi immer, in der Hütte. Mit Zucker.«

Danach kommen *kirsikka* (die Kirsche), *omena* (der Apfel) und natürlich *lakka* (die Sumpfbeere).

»Mumfbärre! Mumfbärre!«

»Sumpfbeere, Tuuli. S-S-Sumpfbeere!«

»Schlumpfbärrä! Schlumpfbärrä.«

»Ja, *luk-ku*. Sumpfbeere! DIE SUMPF-BEERE!«

Wieder was erkannt. Aber was eigentlich? Dass *lakka* auf Deutsch Sumpfbeere bedeutet? Oder dass *lakat*

---

3 Etwa: Guten Tag, ich heiße Rami. Draußen ist es kalt, die Kinder sind glücklich in Finnland. (Fehler inklusive.)

Sumpfbeeren sind? Oder dass Sumpfbeeren »Sumpfbeeren« genannt werden? Oder vielleicht dass sich Wörter wie »Sumpfbeere« auf Dinge beziehen, die nach Sumpfbeeren aussehen, wie dieses Bild im Bilderbuch? Und natürlich auf unendlich viele Dinge, die so ähnlich aussehen wie das Ding auf dem Bild, und dann natürlich noch auf Dinge, die keine Bilder sind, sondern leibhaftige, konkret essbare nordfinnische Sumpfbeeren mit ihrem unverwechselbaren Sumpfbeerengeschmack? Oder dass finnische Hauptwörter keine Artikel haben, deutsche aber sehr wohl, und dass Beeren auf Deutsch immer weiblich sind, also der Artikel »die« vorangestellt wird? Oder haben meine Kinder, und vielleicht sogar ich, all dies gerade eben auf einmal gelernt?

»Sunfbärre! Sunfbärrä!«

»Ja, sehr gut. Die Sumpfbeere.«

Nur nicht drüber nachdenken. Sondern wach bleiben und umblättern zu den Tieren des Waldes.

»Karhu!«

»Ja, *karhu*, richtig. Ein Bär. DER Bär!«

Der Bär. Die Beere. Meine Frau wird das nie mehr lernen. Nie mehr! Dabei ist es eigentlich ganz einfach. Ein Kinderspiel, sozusagen. Vermutlich genauso leicht oder schwer, wie sich zehn Minuten inhaltsreich anzuschweigen. Das eigentlich Schwierige an der finnischen Sprache ist meiner Erfahrung ja das, was nicht gesagt wird. Aber vielleicht ist das in jeder Sprache so.

Unser enges finnisches Wohnzimmer ist zur Bühne geworden, auf der ich in meiner Rolle als deutscher Vater eine möglichst gute Vorstellung abgeben soll. Jeder Elternteil kennt das. Auf Kinderspielplätzen, im Bus, im Flugzeug, im Wartezimmer, im Kaufhaus, überall sprechen wir unsere Kinder mit einem Seitenblick an, richten unsere Worte nicht nur an sie, sondern auch an den Kreis der anderen Anwesenden, auf dass sie unsere Äußerungen und unser Verhalten gutheißen oder zumindest nicht verurteilen mögen. Tante Maini ist überall. Ein Grund, sich zu entspannen.

»Bär, Bär!«

»Gut, *karhu*, Bär. Das ist der Bär. Er lebt im Wald.«

Tyyne will das Buch selbst halten. *»Itse, itse!«*, fordert sie. Seit zwei Monaten ihr Kernbedürfnis. Selbst! Selbst! Und dann, nur wenige Sekunden später: »Oh, *putos*!«, was übersetzt »Oh, jetzt ist es heruntergefallen« bedeutet.

Itse-putos, *itse-putos*, ein immergleiches Muster. Ist es das, was Maini in Erfahrung bringen will? Will sie aus derlei Verhalten auf die Bedürfnisse der Kinder schließen und daraus resultierend ihr Handeln in der Kita anpassen?

Wir sind bei den Verkehrsmitteln angelangt. Während Maini aktiv wird und den Fragebogen aus ihrer Marimekko-Tasche mit Mohnblumenmuster (jede finnische Frau hat eine solche Tasche) holt, rennt Tuuli ins Kinderzimmer und rutscht in einer Pappkiste zurück zu uns. Schweigen. Meiner Frau ist es sehr peinlich.

Als Pia letztens – wir lebten noch in Berlin und standen kurz vor unserem Umzug nach Finnland – vom Basketballtraining nach Hause kam und ich stolz zeigte, wie wir drei die Kiste zu einem Auto umfunktioniert hatten, wäre es fast zur Scheidung gekommen. Ich wusste es nicht besser. Es ist für Ausländer auch schwer zu begreifen. Denn diese Kiste war nicht nur eine Kiste, sondern das Begrüßungsgeschenk des finnischen Staates. Jede Mutter, die eine finnische Sozialversicherungsnummer besitzt, erhält eine solche weiße, mit Schneekristallen bedruckte Kiste nach der Geburt jedes Kindes per Post zugesandt. Und zwar ganz egal, ob sie in Jyväskylä, Berlin oder Melbourne weilt. Darin befindet sich, von Windeln abgesehen, sämtliche Kleidung, die ein Baby in den ersten Lebensmonaten benötigt. Also beispielsweise ein Schneeanzug, winzige Thermohandschuhe, Mützchen, Bodys, Strümpfe … Einmal ausgepackt, wird der Boden mit einer eigens mitgelieferten Matratze ausgelegt, sodass die Kiste als Babybettchen dienen kann. Fast jedes finnische Baby verbringt die ersten Lebensmonate deshalb in seiner staatlich anerkannten Schlafkiste. Und die wird, was ich nicht wusste, ein Leben lang aufbewahrt. Ich dachte damals in Berlin einfach, die Kisten unserer Mädchen gäben prima Seifenkisten ab, wenn man mit einem Teppichmesser Kerben in die Seiten schneidet. So könnten die Kinder sich mit den Händen abstoßen und munter durch die Wohnung rutschen wie beim Rodelrennen. Es wäre nicht halb so laut wie ein Bobby-Car.

Die Kinder lieben ihr finnisches Gefährt über alles. Sie können sogar zu zweit in einem sitzen. Aber meine Frau wird mir, ich weiß es, das niemals verzeihen. Und auch Maini sieht mich jetzt an, als hätte ich blitzschnell ein Osama-Bin-Laden-T-Shirt übergestreift.

»*Kato*, Maini, *auto*, *auto*!«, brummt Tuuli in Richtung Esszimmertisch.

»*Juu. Onpa kiva auto. Oikein kiva auto!*« Maini streichelt über ihren blonden Schopf.

»Ja, ein schönes Auto. Das ist ein sehr schönes Auto. Aber jetzt komm mal wieder zurück zu Papa. Die Frauen haben nämlich etwas Wichtiges zu besprechen.«

Auto. Eines der ganz wenigen Worte, die das Deutsche und das Finnische gemeinsam haben.

9

NO FUTURE

Wenn ich darüber nachdenke, weshalb ich im Moment an einer kleinen T-Kreuzung in Torontos zentrumsnahem Norden stehe und unter den müden Augen eines ehemaligen Chiefs der First Nations bereits dem dritten Familien-Van in Folge die Vorfahrt einräume (wie es außer Eltern sonst nur Geisteskranke tun), komme ich nicht am Phänomen der jungen Frau mit großem Hund vorbei. Jeder weiß, was ich meine: städtische Mittzwanzigerinnen, nachlässig gepflegt, von schlurfendem Gang und vollendeter Selbstbezogenheit, die zu Anfang des Jahrtausends scheinbar spontan damit begannen, sich mit großen Mischlingsrüden zu vereinigen. Ich hielt das damals für eine Berliner Epidemie, weiß heute aber, dass tatsächlich die gesamte westliche Zivilisation heimgesucht wurde.

Ein Kinderersatz, offenbar. Oder Partnerersatz. Oder beides. Die jungen Singlefrauen von einst sind heute nicht mehr ganz so jung, deren Hunde auch noch lange nicht tot und darüber hinaus durch Jahre artfremder Ernährung von nachhaltigen Verdauungsproblemen geplagt. Ganze Straßenzüge, ja Stadtteile haben sie auf dem Gewissen. Natürlich kümmert sie das nicht.

Ein endlos scheinender Berliner Brunchsonntag des Jahres 2002 – wir sind kaum eine Woche zuvor von einer studentischen Wandertour durch Lappland zurückgekehrt (Bärenweg, viertägig). Meine Lebensabschnittspartnerin flicht auf dem Heimweg durch den herbstlich sonnigen Volkspark Friedrichshain wie beiläufig den Wunsch nach einem Hausrüden in die Konversation ein, weist diesen aber, noch bevor ich etwas erwidern kann, für sich mit der Begründung zurück, selbst mit einem neugeborenen Baby lasse sich leichter reisen und sogar wandern. Überdies äußert sie die Vermutung, es sei letztlich der 11. September, der »hinter dieser Hundetick von Berlinerinnen« stecke, insbesondere deren »gründsätzlicher Verunsicherung«, die dazu geführt habe, dass diese »coole Kätzchen«, wie sie sich ausdrückt, »vor Flugsreisen in Wahrheit genauso viel Angst haben wie von der Kinderkriegen«. »Scheiße, Mensch du«, fügt sie hinzu, »wenn morgen das ganze Welt untergeht, hilft so einer Hund auch nicht viel, oder was?«

Unser Gespräch währt bis tief in die Nacht. Bei Kerzenschein am Küchentisch beschreibe ich ein schwarzweißes Poster, das über viele Jahre in meinem Karlsruher Kinderzimmer hing: Hand in Hand standen ein Mädchen und ein Junge in einer Art Gartenanlage und starrten auf einen am Horizont aufsteigenden Atompilz, in dessen bauschigem Zentrum sich der Schriftzug *No Future* abzeichnete. Beim zweiten Glas Sumpfbeerenlikör erzählt Pia von einem bewölkten Frühlingstag, an dem sie auf ihrem Schulhof Luftballons verkauft hatte (»mit solcher Freundschaftszettel dran und der ganze Schwachsinn«) und am Abend dann – der Wind wehte gen Schweden – unerklärlicherweise mit einem schweren Sonnenbrand auf ihren bezaubernd hohen Wangen heimgekehrt war. Erst zwei Tage später erfuhren die Einwohner Finnlands von dem Reaktorunfall in Tschernobyl.

Wir liegen schon im Bett, als auch das geteilte pubertäre Trauma des Aids-Ausbruches zur Sprache kommt. »Hatten wir aller Riesenschiss du, mit der ganze Amerikaner in der Helsinkier Herrenmannschaften und so«, berichtet Pia von ihrer Zeit als junge Nationalspielerin.

Ich war damals praktisch zwar nicht betroffen, hatte mich theoretisch aber umso bedrohter gefühlt.

Wie sich zeigen sollte, mussten in jenem Herbst noch Tausende weitere Pärchen des zentralen Berliner Ostens vergleichbare Gespräche geführt haben, wobei ich keineswegs verschweigen will, dass es sich im konkreten Fall als ausgesprochen hilfreich erwies, uns noch an besagtem Abend per finnischem Internetdokument von einem ortsunabhängig gewährten fünfzehnmonatigen Erziehungsurlaub bei vollem Lohnausgleich überzeugen zu können.

Im Nachhinein wird gern von einer bewussten Entscheidung gesprochen.

Perfektes Timing. Am Ende der langen Geraden unseres Schulwegs biegen sie jeden Tag um die Ecke, direkt auf uns zu. Die Alte mit dem Krückstock kennt unsere Zeiten mittlerweile genau. Sie weiß auch sonst praktisch alles über unser Familienleben: dass die Mama schon früh arbeiten geht, der Papa gegen Haustiere allergisch ist, dass Tyynes Lehrerin Ms. Mohammed heißt (und auch einen Hund hat), die Zwillinge in verschiedene Klassen gehen, dass wir am 19. April Geburtstag feiern werden … was knapp siebenjährige Mädchen eben erzählen, während sie einen kleinen weißen Pudel mit rosa Schleifchen im Haar streicheln und herzen. Nötigung ist das, nichts anderes.

Wenn Tuuli davon wüsste, würde sie gewiss auch vermelden, dass ihr Vater, als er so alt war wie sie selbst, Schuld daran trug, dass sein damaliger Rüde eine an multipler Sklerose erkrankte Nachbarin angesprungen und umgeworfen hatte. Für mehr als zwölf Jahre wurde Frau Dammbach nach besagtem Vorfall von immer häufiger wechselnden Zivildienstleistenden die heimische Sackgasse hinauf- und hinuntergeschoben. Es gibt keine unverantwortlichen Hunde. Es gibt nur unverantwortliche Halter. Ich fühle mich heute noch schuldig.

Tyyne winkt der Alten mit dem Pudel stets freudig zu, und auch der Schäferhundmischling von einem der Häuser links des Gehwegs wedelt im Vorgarten schon aufgeregt mit dem Schwanz. Auf den Hinterpfoten stehend, stützt sich das Tier mit den Vorderpfoten auf den hüfthohen Holzzaun des Gartens, laut bellend und zum Sprung über das Gatter bereit. Sind dann alle beisammen, kommt es zwischen dem Riesen und der Zwergin zu einem grotesken Schnüffeltanz, in dessen Verlauf die freudig erregte Pudeldame mittels ihrer langen Leine sowohl ihr kränkelndes Frauchen wie auch meine Kinder zu einem mühselig zu entwirrenden Knäuel zu verschnüren pflegt. Es dauert meist nur wenig Minuten, bis eine ausgemergelte Mittdreißigerin mit hennarotem Bürstenschnitt, in Bomberjacke und grüner Militärhose, rauchend aus der Haustür tritt und ihren Rüden an einer Hand wortlos zurück in den Vorgarten zerrt.

Der 11. September mag ja an manchem schuld sein. Aber mit Angst hatte das bei ihr vermutlich nie etwas zu tun.

Evolutionär rätselhaft bleibt, weshalb Wesen, die einen Gutteil ihrer ersten und damit kritischen Lebensjahre mit einer Rotznase leben müssen, nicht auch mit den motorischen Fähigkeiten ausgestattet werden, sich des angesammelten Schleims eigenverantwortlich zu entledigen.

»Schnäuzen, Tuuli, feste! Ja, so ist es gut. Immer schön raus mit dem Mist.«

»Noch nicht alles weg.«

»Also noch einmal! Auf, alles geben jetzt! Feste, feste!«

Hatten unsere Ahnen etwa keinen Schnupfen? Damals, in Afrika, das, wie es kanadische Kinder in der Schule beigebracht bekommen, die wahre Wiege der Menschheit ist?

Ich weiß es nicht. Ich weiß es nicht. In jedem Fall verhärtet sich nach dem dritten Taschentuch der Verdacht, Tuuli schinde hier an der Kreuzung nur Zeit, um – in stiller Abstimmung mit ihrer Schwester sowie der älteren der beiden Hundehexen – auch an diesem Tag einen Eklat zu provozieren.

Aber heute nicht. Nicht mit mir!

Geduckt, als gälte es, Scharfschützen zu entkommen, packe ich die Kinder an der Hand und renne über die Straße, die lange Gerade entlang. »Schneller, schneller«, brülle ich, und: »Achtung, Achtung! Heiß und fettig!«

Von den väterlichen Belllauten in einer ihr unbekannten Sprache verunsichert, gibt die Alte den Weg frei. Selbst die Hunde stutzen für einen Moment. Es hat nicht viele Vorteile, im Ausland Deutscher zu sein. Aber es gibt welche.

»Papa, darf ich dir was fragen?«

»Sofern du weiterläufst und dich nicht umdrehst, darfst du mich alles fragen.«

»Wann hat denn deiner Hundeallergie begonnen? Weil als Kind hast du keiner Allergien gehabt, hat die Oma gesagt.«

»Stimmt. Da war ich bereits erwachsen. Das ist bei Allergien oft so.«

»Kann dann der Allergien auch wieder weggehen?«

»Durchaus möglich, für die kommenden Jahre aber eher unwahrscheinlich.«

»Schade.«

»Du, finde ich auch.«

Es bricht einem das Herz. Denn auch wenn sie es selbst nicht begreifen mögen, geht es Kindern in diesem Alter ja nicht um das Bedürfnis nach einem Haustier. Wonach sie sich in Wahrheit erkundigen, ist ihr Erwünschtsein im Leben der Eltern.

»Du, Papa, ich habe mir überlegt, dass ich dann doch keiner Hund will.«

»Warum denn nicht, Tyyne?«

»Weil am Anfang, wenn der Hund neu ist, sagt Mama, denkt man, das ist Spaß. Mit Gassi und so. Aber nach drei Wochen ist es dann, glaube ich, keiner große Spaß mehr. «

»Der Hund ist aber immer noch da, für viele Jahre.«

»Ja, deshalb will ich das lieber nicht mit der Hund, habe ich mir überlegt.«

Die eine will einen Hund haben, der anderen ist es nicht so wichtig. Ein gängiges Muster unter Zwillingen, sind es doch gerade die kleinen Unterschiede, durch die wir Menschen zu unserer eigenen Identität finden. Wobei es aus Elternsicht natürlich besonders erfreulich ist, sofern Thesen, um deren Einnistung man sich durch Jahre gutes Zureden sowie gezielte Propaganda skypender Tanten und Freunde bemühte, vom schulreifen Sprössling nun als Ergebnisse eigenständiger Überlegungen empfunden werden. Auf etwas anderes vermag der fromme Wunsch nach einer Erziehung zum eigenständigen Denken, glaube ich, gar nicht abzuzielen. Irgendwo müssen die eigenen Gedanken schließlich herkommen.

»Ich möchte aber auch einer Hund, so wie der Daniel einer hatte.«

»Also einen mittelgroßen schwarzen mit glattem Fell.«

»Ja, der war so schön!«

»Lieb, meinst du?«

»Ja, lieb.«

Daniel, Aaron und Gauguin. Ich habe lange nicht mehr an sie gedacht. Dabei standen wir in Bloomington fast zwei Jahre jeden Morgen zusammen an der Haltestelle und warteten auf den Schulbus.

10

SPONGEBOB

Was für ein wunderbarer Montag! Nichts auf der Welt schlägt einen wolkenlosen Herbstmorgen in Bloomington, Indiana, wenn die Sonne prall am Himmel steht und die Vögel in tropischen Farben ihren Gesang in eine leichte Brise entlassen, die wie vom Meer lau landeinwärts weht.

Zweiundachtzig Grad Fahrenheit warm wird es heute. Das entspricht achtundzwanzig Grad Celsius und benennt den einzigen Wert, den ich nach vierzehn Monaten in Amerika mit Gewissheit von der einen Skala in die andere umzurechnen weiß. Mit *inches* habe ich mich nie näher beschäftigt, drei *feet* mögen ein Meter sein, eine Meile entspricht dem, was meine Frau in Finnland meint, wenn sie sagt, es sei nur noch ein Kilometer zu laufen. Eine *gallon gas* kostet in Indiana so viel wie ein Liter Benzin in Berlin – und eine *gallon* Apfelsaft reicht unserer Familie eine Woche. Zwölf *ounces* Rotwein beziehungsweise ein *cup* erweisen sich als ideal zum Einschlafen. Wissenschaftlich exakt ist das alles nicht, aber es taugt zum Überleben. Und einmal ehrlich: Wer weiß schon, wie lang ein Meter wirklich ist?

Außerdem birgt die Pi-mal-Daumen-Rechenart des frisch Immigrierten durchaus Vorteile. Wie viel ich seit unserer Ankunft zugenommen habe, will ich beispielsweise weder in Pfund noch Kilo wissen. Und um mich von den Fluktuationen des globalen Devisenmarktes zu emanzipieren, habe ich meinen Dollarkurs bereits vor einem Jahr mental bei fünfundsechzig Eurocents pro *greenback* fixiert, damit einer Mark und zwanzig Pfennigen beziehungsweise drei Finnmark und sechzig Pfennig.

Urlaubspsychologisch gilt es ja als erwiesen, dass ein Wechsel der Landeswährung zu generell erhöhter Konsumbereitschaft führt. Die atemberaubende Einkaufsfreude der Amerikaner scheint vor diesem Hintergrund eng an die Tatsache geknüpft, dass sämtliche Einwandererfamilien – und genau genommen sind das ja annähernd hundert Prozent der Landesbevölkerung – sich nach wie vor in einer urlaubsähnlichen Übergangsstimmung befinden.

Bliebe das Problem der Zeitzonen. Der mitteleuropäische Anfänger neigt hier zur Annahme, mit der Regel »altes Europa minus sechs Stunden« sei in Sachen Ostküste alles Nötige erfasst. Mitnichten. So liegt beispielsweise Bloomington, Illinois – als nur einen Bundesstaat nördlicher gelegene Zwillingsstadt von Bloomington, Indiana – gemeinsam mit Städten wie Chicago oder Lansing in der sogenannten *Central Eastern Time Zone*, womit die Differenz zu Kerneuropa minus sieben Stunden beträgt. Ähnlich wie Helsinki, das als Hauptstadt der nordosteuropäischen Zeitzone Berlin und Paris zeitlich stets eine Stunde voraus ist. Wird weiterhin berücksichtigt, dass die europäische Umstellung von Sommer- auf Winterzeit jeweils mit knapp einmonatiger Verspätung erfolgt, sind die mit einer korrekten Umrechnung verbundenen kognitiven Anforderungen beträchtlich, sodass selbst meine Frau ein gewisses Grundverständnis bewahrt hat, wenn meine Mutter uns um drei Uhr nachts mal wieder mit der Frage aus dem Schlaf klingelt, ob wir gerade beim Abendessen säßen.

Rein geografisch gesehen, es kann nicht oft genug wiederholt werden, befindet sich Bloomington auf der Höhe von Marrakesch, gehört es doch zu den seltsamsten, womöglich rein sprachlich bedingten europäischen Verzerrungen des transatlantischen Verhältnisses, als Mitteleuropäer davon auszugehen, Nordamerika liege tatsächlich im Norden und erfordere deshalb allein schon aus geografischen Gründen ein gewisses Aufschauen. In Wahrheit aber befindet sich das Kernland des Kontinents auf Augenhöhe mit den zivilisierten Zonen Nordafrikas. Zweiundachtzig Grad Fahrenheit im späten Oktober, ach, ganz wie auf den Kanaren!

Ein Bild für die Götter, wie Aaron seinen Sohn huckepack vom Ende der Straße bis hinauf zur Bushaltestelle trägt, Gauguin an der Leine. Jeden Morgen halten sich die Zwillinge hinter den Sträuchern in Nachbar Daves

Garten versteckt, um ihren Klassenkameraden Daniel zu erschrecken. Die absolute Erwartbarkeit der Überraschung macht mittlerweile den eigentlichen Reiz aus. Kurz vor den Sträuchern wird Daniel vorsichtig an Aarons Rücken hinabgleiten, einige Meter in dessen Schatten pirschen und meine Töchter seinerseits zu überraschen suchen.

Auch andere Rituale gehören zu den morgendlichen Abläufen. So knallt Daniel mich mit einem imaginären Maschinengewehr ab, reißt Zweige von Daves Akaziensträuchern und peitscht damit seinen Vater, eine meiner Töchter (meistens Tyyne) sowie sich selbst schmerzhaft aus, er klingelt bei Dave Sturm, legt ein wirres Luftgitarrensolo ein, wirft mit Steinen nach Buntspechten und Kardinälen, leert den Inhalt seines Rucksacks auf der Straße aus, vor allem aber spielt er in beeindruckender Textsicherheit und Rollenvielfalt zentrale Szenen der *SpongeBob*-Folgen nach, die er sich seit halb sechs Uhr morgens angesehen hat. Dem Helden der amerikanischen Zeichentrickserie, einem kleinen gelben Schwamm, der mit anderen Meerestieren am Grund des Ozeans lebt, wird eine blühende Fantasie nachgesagt, aber seine Freunde sind von seinem Verhalten oft genervt.

Vater Aaron kommentiert jede einzelne der Aktionen seines Sprösslings mit einem zunächst sanften, dann bestimmter werdenden *Stop that, Daniel!*, und ich danke dem lieben Gott einmal mehr im Geiste dafür, mit Zwillingstöchtern beschenkt worden zu sein. Ich sage weder, dass es früher anders war, noch, dass es sich später bessern wird, aber es gibt heutzutage doch sehr wenige sechsjährige Jungen, die bei genauerer Betrachtung nicht den Eindruck vermitteln, in ihrem Sozialverhalten schwer gestört zu sein.

SpongeBob, erklärt Aaron, sei in diesen frühen Morgenstunden der Einzige, der Daniel wirksam ruhig stellen könne. Seine Abenteuer sind jener Teil von Daniels morgendlichem Gesamtprogramm an der Bushaltestelle, den meine Töchter mit dem größten Interesse und Wohlwollen verfolgen. Tyyne und Tuuli verspüren in diesem Bereich enormen kulturellen Nachholbedarf, denn nach Überzeugung meiner finnischen Frau stehen amerikanisches Kinderfernsehen und pakistanische Koranschulen ideologisch auf einer Ebene. Sie befürchtet irreversible Schädigungen für Geist und Seele (»... und dann der ganze Werbung inzwischen, nee, mach ich da nicht mit, du, auf gar keines Fall!«), weshalb der Medienkonsum unserer Töchter ausschließlich auf importierte, pädagogisch wertvolle europäische DVDs und Hörkassetten beschränkt bleibt: *Michel aus Lönneberga*, *Wickie* und *Pippi Langstrumpf* auf Deutsch, auf Finnisch aber nahezu ausschließlich das bunte Trickfilmuniversum der Mumins, einer Trollfamilie, die sich nach einer Art Weltuntergang (Kometeneinschlag, Polkippung) in einem idyllischen Tal niedergelassen hat und dort in ihrer selbst erbauten kleinen Holzburg frohe Tage voller kleiner Abenteuer verbringt.

Die ökonomischen Grundlagen bleiben wie bei den meisten Kindern der Familie dabei völlig im Dunkeln.

Während Hauptheld Muumipeikko mit seinen zahlreichen Freunden neugierig im Wald herumtrollt, schmeißt *Muumi*-Mama in bewundernswerter Gleichmut Haushalt und Garten. *Muumi*-Papa aber zieht sich jeden Morgen in das Turmzimmer des Anwesens zurück und tippt in seine Schreibmaschine.

Wie im ehelichen Zwiegespräch schon befürchtet, hat es sich der Integration unserer Kinder nicht unbedingt als förderlich erwiesen, auf dem amerikanischen Schulhof allein mit fiktiven Helden protzen zu können, die Namen wie Nuuskamuikkunen, Haisuli oder Vilttitossu tragen. Bei näherer Betrachtung zeigen sich allerdings durchaus relevante Ähnlichkeiten. Haisuli (frei übersetzt: Stinkerchen) sieht zum Beispiel, wie Tyyne unlängst auffiel, recht genau wie ein SpongeBob aus, der in ein finnisches Plumpsklo gefallen ist. Wie es in der globalen Kinderliteratur ganz allgemein ein festes und letztlich kulturübergreifendes Repertoire an Gestalten und Charakteren zu geben scheint, was auch den weltweiten Erfolg der *Pokemon*-Spielkarten erklären mag, die Daniel öfter mal aus dem Rucksack fallen. Nach Aarons Ansicht stehen die japanischen *Pokemons* für universelle Tugenden und Wünsche, seien sozusagen Archetypen eines kindlichen und durchaus normalen Größenwahns, was, ungeachtet einer tiefen und durchaus komplexen Verankerung in der japanischen Mythenwelt, deren globale Anziehungskraft erkläre. Aha. Man kann ja nicht jeden Morgen zwanzig Minuten über das Wetter reden.

Aaron wird es zudem wissen. Er ist Kunstprofessor an der University of Guam. Guam ist eine Insel mitten im Pazifik, der als Zwischenlandeplatz für US-Streitkräfte eine gewisse strategische Bedeutung zukommt und die sich mittlerweile als Urlaubsparadies für japanische Touristen etabliert hat. Wegen Daniels nahender Schulpflicht ist die Familie aber nun nach Bloomington gezogen, da dort bereits die Schwester von Daniels brasilianisch-amerikanischer Mutter wohnt. Auf Guam, erklärt Aaron, gebe es keine brauchbaren Schulen, keine Kultur, eigentlich gar nichts, außer der sogenannten Universität, an der er lehre, und die sei auch nichts wert. Noch ist er für ein Sabbatjahr freigestellt, aber kommendes Jahr muss er wieder zurück ans andere Ende der Welt – und dann heißt es pendeln. Guam, das ganze Jahr über zweiundachtzig Grad Fahrenheit, so wie heute!

Tyyne will wissen, was heute »mit Daniel falsch ist«. Keinen Mucks hat er bisher von sich gegeben. Kein Versteck gespielt, keine Späße getrieben. Gar nicht er selbst. Mit tränenfeuchten Augen steht er direkt hinter seinem Vater und erwidert jeden Einbindungsversuch mit dem fauchenden Befehl, ihn in Ruhe zu lassen.

»Wahrscheinlich ist er mit dem falschen Fuß aufgestanden«, erkläre ich. »Oder er brütet etwas aus, eine Grippe vielleicht. Ich weiß auch nicht genau, was ihm fehlt.«

Mir fällt zum ersten Mal auf, dass Unwohlsein im Deutschen als Zustand eines empfundenen Mangels gedacht wird. Was fehlt ihm denn? Seltsames Sprachbild. Gerade so, als ob es kein wunschloses Unglück gäbe.

Von weit her hören wir das Ächzen des Schulbusses, der sich die Elm Heights hinaufquält. Immer wieder rammt Daniel seinen Schädel gegen Aarons Spitzbauch. *»Donnwannago! Donnwannago!«*

Aaron hält ihm den *SpongeBob*-Rucksack hin und spricht ihm gut zu.

»Macht's gut, Mäuse, habt einen schönen Tag!«

Wir winken dem gelben Schulbus nach, mit dem gestellten Grinsen zweier Männer, die sich jeden Morgen wieder darüber wundern, in Bloomington, Indiana, einem Schulbus nachzuwinken. Ob so Tote fühlen, die sich selbst auf dem Sterbebett liegen sehen?

Mit einer kleinen blauen Plastiktüte, in der am frühen Morgen noch die New York Times auf seiner Garagenausfahrt gelegen hatte, entfernt der Kunstprofessor aus Guam Gauguins handwarme Ausscheidungen von Daves Grundstück.

»Scoop the poop«, scherzt er, stellt seine Thermokaffeetasse auf der Straße ab und verknotet das baumelnde Paket.

Kaum ein Vorgarten in Elm Heights ohne ein Schild mit dieser einprägsamen Ermahnung. Krockettoren gleich stecken sie auf dünnen Drahtbeinen im Rasen. In Daves Fall gleich neben zwei gerade aufgestellten »Obama-Biden-2008«-Schildchen. Aaron macht sich ernste Sorgen: um Amerika, seine Familie, sich.

»Weißt du, was wir jetzt brauchen? Wir brauchen eine Revolution! Sozialismus, das ist es, was wir brauchen! Der amerikanische Kapitalismus ist tot, absolut tot! Sieh dich doch nur einmal um«, ruft er aus und nimmt einen Schluck schwarzen Kaffee aus seiner Thermotasse.

Ich bin mir nicht sicher. In der ganzen DDR gab es nichts, das es an Lebensqualität mit dem Maplewood Drive hätte aufnehmen können, und wenn ich an hoch ausgebildete Doppelverdiener in Finnland denke, fallen mir unsere Freunde Mikko und Tarja ein, die mit ihren zwei Kindern seit Jahren in einer engen Zweieinhalbzimmerwohnung am Stadtrand von Helsinki wohnen und gerade so über die Runden kommen (Helsinki: null Grad; habe es heute Morgen noch im Internet gelesen).

Etwas in dieser Richtung sage ich auch. »Hm, wenn dies hier das Ende der Welt ist, haben wir's doch noch ganz gut getroffen.«

Aber Aaron meint das GANZE SYSTEM! Den Börsencrash, den Immobiliencrash, den Zusammenbruch der Autoindustrie: ALLES EINE EINZIGE LÜGE! Sogar Gauguin spitzt jetzt die Ohren.

»Auch mit Obama wird sich nichts ändern«, sagt Aaron, »nicht das Geringste. Aber der wird so oder so nicht Präsident, weil DIE das nämlich niemals zulassen werden. Eine Kugel, das ist alles, was DIE brauchen«, sagt Aaron. »Genau wie bei JFK.«

Dave schläft offenbar noch, sonst hätte er sich spätestens jetzt von der Veranda aus zu uns gesellt. In seinem Büro, besser gesagt seinem Übungsraum, steht ein ganzes Regal mit DVDs und Fachliteratur, aus deren sorgfältigem Studium zweifelsfrei hervorgeht, dass der 11. September ein Werk der amerikanischen Regierung war. Nach Dave ging es darum, einen schon damals drohenden Börsencrash zu verhindern. Aaron neigt eher der Öltheorie zu. Unser Vermieter Saul glaubt an den systematischen Willen zur endgültigen Etablierung eines total überwachten Technokonsumismus. Ich bin mit vergleichbaren Theorien und Gesprächen aus Berlin vertraut, vom Bäcker um die Ecke, als die Hausbesetzer aus der Herbigstraße mit ihren großen Hunden an den Rundtischen standen und die *BILD*-Überschriften kommentierten.

»Sonst musste das Daniel sich immer vordrängeln«, hatte Tyyne leise zu mir gesagt. »Niemals konnte es warten, bis es an der Reihe kam.«

»Das ist keiner Spaß«, hatte Tuuli gesagt, ohne dass ich die Kraft gefunden hatte, auch diese Wendung zu korrigieren.

»Es ist das Ritalin«, erklärt Aaron mir. »Daniel nimmt es seit drei Tagen.«

Den ganzen Sommer über hätten sie es mit Kinderyoga versucht. Nun seien sie von der Lehrerin faktisch dazu gezwungen worden, andernfalls hätte Daniel auf eine andere Schule gemusst – oder zurück in die Vorschule. Eine Art Epidemie sei dieses ADHDS, vor allem unter Jungs. Langzeitstatistiken gebe es kaum. Weder zur Krankheit. Noch zum Medikament. Aaron atmet tief durch.

»Irgendetwas mussten wir tun«, sagt er. Vielleicht hilft es ja.

Aaron muss los, ein Termin bei der Bank, danach einige Häuser ansehen. *»It's a buyer's market«*, wiederhole ich eine Wendung, deren Bedeutung mir die Maklerin vom Ende der Sackgasse in ihren E-Mails seit Wochen zu erklären versucht. Soweit ich es begriffen habe, will sie mir damit sagen, dass gerade ein ausgezeichneter Zeitpunkt ist, ein Haus zu kaufen, weil es nämlich ein fürchterlicher Zeitpunkt ist, ein Haus zu verkaufen.

»*Yes, that's exactly what they say.*« Aaron dreht sich um und trottet, Gauguin in seinem Schatten, die Straße hinunter.[4]

---

[4] Ich habe Aaron nie gefragt, weshalb er seinen Hund nach dem französischen Maler Paul Gauguin benannt hat. Wenn man aber weiß, dass Paul Gauguin seine Familie (dänische Frau, fünf Kinder) einst verließ, um sich in der Südsee als Künstler selbst zu finden, erübrigt sich die Frage wahrscheinlich.

11

ELOY

Noch immer steckt das *For-Sale*-Schild im Vorgarten des Hauses am Ende der Geraden. Ein gedrungener Backsteinbau, windschief und mit winzigem Wohnzimmer zur Nordseite hin, dazu lauter »halbarschige« Fenster und Türen, wie meine fachkundige finnische Frau schnell urteilt. Außerdem riecht es in jedem Zimmer »wie nasser Hund«. Für eine 1,2-Millionen-Dollar-Immobilie ohne echten Keller in der Tat ein bedenkliches Zeichen.

Ich weiß nicht, weshalb, aber so richtig trauen sie sich hier einfach nicht, in die Tiefe zu bauen. Immerhin führten wenige Stufen hinab zur Waschküche und einem potenziellen *media/playroom for the kids*. Irgendjemand sollte die Maklerinnen Nordamerikas dann doch einmal davon in Kenntnis setzen, dass Kinder unter zehn Jahren sich nur äußerst ungern allein in Räumen aufhalten, die unter der Erdoberfläche liegen – von der einen europäischen Elternteil implizit beleidigenden Annahme eines unüberwachten Medienkonsums ganz zu schweigen. Da wirkte der auf Nachfrage ins Spiel gebrachte Alternativvorschlag eines *home office for daddy* schon wesentlich überzeugender. Früher hieß das wohl Hobbyraum. Aber Hobbys hat heutzutage ja kaum noch ein Mensch. In Finnland werden vergleichbare Räume übrigens *pömpeli* genannt, was ich einmal etwas frei mit »Vaterschutzraum« übersetzen will. Denn leitend dabei ist weder die Idee des Hobbys noch der Arbeit, sondern die schlichte Einsicht in die Notwendigkeit eines Zimmers, in dem Mann sich allein und ungestört weiß.

Ich muss an ein Gespräch mit Mikko denken, das einige Zeit zurückliegt. Es ging um genau dieses Thema.

»Wir Männer flüchten in die Unterwelt des *pömpeli*, weil wir wissen, dass uns die Kinder dorthin nicht ganz so leicht folgen«, sage ich.

»Juuu, kann sein«, sagt Mikko und wirft eine weitere Kelle Aufgusswasser auf den Ofen.

Pias finnische Freundin Tarja hat unsere Familie zur Samstagssauna (*lauantaisauna*) eingeladen, deswegen müssen ihr Mann und ich jetzt miteinander reden.

Kann sein, erklärte mir meine Frau mit als Erstes, als wir uns kennenlernten, bedeutet auf Finnisch etwas anderes als auf Englisch. Auf Finnisch bedeutet es nämlich wirklich »kann sein«, auf Englisch aber »eher nicht«, was allerdings offen lässt, was »kann sein« aus dem Munde eines als Ingenieur international agierenden saunenden Finnen bedeutet, der sich auf Englisch an einen thesenfreudigen Deutschen wendet. Solche Fragen sind furchtbar schwer zu beurteilen.

»Ich glaube, dass es im Leben jedes Kindes ein herausragend traumatisches Filmerlebnis gibt und dass die Folgen dieses Erlebnisses, das für die jeweilige Psyche damals zu grausam, spannend, massiv, explizit oder einfach zu unheimlich war, bei den Betroffenen bis ins Erwachsenendasein, ja unter Umständen ein Leben lang, nachwirken«, erläutere ich.

Mikko hält dies für durchaus möglich.

Bei mir ist es der Film *Die Zeitmaschine*. Ein englischer Forscher aus dem England des späten 19. Jahrhundert erfindet eine Zeitmaschine und katapultiert sich mit diesem Wundergerät in eine ferne Zukunftsgesellschaft, in der die sogenannten Eloy, große, schöne, den heutigen Menschen ähnliche Wesen in weißen Kleidern, ein unbeschwertes Leben der Bildung und des Müßiggangs führen. Weit unter der Erde aber, und nur durch brunnenartige Öffnungen in die Tiefe verbunden, schuften die Morlocks – eine Mischung aus Affe und Mensch – halb nackt an riesigen Maschinen. Ihre Sprache besteht aus groben Grunzlauten, die Augen glühen wie von Wut, das Feuer erscheint ihnen als magische Kraft. Ich bin mir ziemlich sicher, dass mein Vater, der diesen Film mehrfach als Meisterwerk gelobt hat, das sich der »Junge ruhig anschauen dürfe«, mir im Verlauf erklärte, deutsche Wissenschaftler hätten in Madagaskar einst Experimente angedacht, bei denen es darum gegangen sei, Menschen mit Affen zu kreuzen und somit billige und leicht zu kontrollierende Arbeitssklaven zu kreieren. Egal. Jedes Mal, wenn ich in den Keller unseres Reihenhauses hinabsteigen musste, also dorthin, wo meine Mutter tagsüber ihre Krankengymnastikpraxis betrieb, sah ich die Morlocks mit ihren glühenden Augen um die Ecke warten. Es war schrecklich.

Das alles erzähle ich Mikko und dass es mir wahrscheinlich damals auch nicht geholfen habe zu wissen, dass der Film als Allegorie auf das Verhältnis von englischem Adel und Proletariat oder England und seinen Kolonien begriffen werden könne.

»Wahrscheinlich nicht«, bestätigt Mikko und fügt hinzu, dass die Morlocks, soweit er die Geschichte kenne, die Nacht nutzten, um durch die Brunnen hinauf zu den Eloy zu steigen und im Schutz der Dunkelheit deren Kinder zu rauben. »Insofern ist es fraglich, ob sich nun die Eloy die Morlocks gehalten haben oder ob es nicht gerade umgekehrt gewesen ist.«

Ein Aspekt des Films, an den ich mich erstaunlicherweise überhaupt nicht erinnern kann.

Lange schwitzen wir schweigend. Bei ihm sei es wohl *Spiel mir das Lied vom Tod* gewesen, sagt Mikko, und zwar die Szene, wie Bronson als Kind von einem Versteck aus mit ansehen muss, wie seine gesamte Familie niedergeschossen wird. Mikko sagt, er sei damals sieben oder acht gewesen und habe den Film mit dem Vater gesehen. Seine Eltern waren damals bereits geschieden.

»Vielleicht«, fügt er nach ein kurzen Pause hinzu, »ist es gar nicht der Film, der das Trauma erzeugt, sondern das Trauma liegt bereits vor, und nur deshalb erinnert man sich an den jeweiligen Film.«

Ja, das kann sein.

»Heutzutage ist es wohl eher die Arbeit, die Familien zerstört«, fährt Mikko fort. »Zwölf Stunden und mehr verbringe ich derzeit in der Firma und bringe am Ende kaum mehr nach Hause als ein arbeitsloser Friseur. Das System ist verrottet und leistungsfeindlich.«

Mikko spricht von »finnischem Steuersozialismus« und davon, ernsthaft darüber nachzudenken, mit der Familie aufs Land zu ziehen und auf *Muumi*-Papa zu machen. Tarja könne am Dorfgymnasium als Lehrerin arbeiten. Sie würden das derzeit ernsthaft erwägen.

Diesen Sommer wollten wir sie eigentlich wieder besuchen. Aber daraus wird wohl nichts. Hätte nicht gedacht, dass Tarja sich von ihm trennen würde. Einfach weg, mit den Kindern. Von einem Tag auf den anderen. Und dann auch noch wegen einer Frau.

Manchmal bedarf es nicht mehr als einer warmen Frühlingsnacht, um den Schnee eines gesamten Winters zu schmelzen.

12

SHOW AND TELL

Am Ende der langen Geraden, gleich nach der Hecke, wo wir, anstatt über die Rasenfläche inmitten des Rondells zu laufen und uns damit an der Schaffung eines zum Sommer hin immer breiter und schließlich staubig werdenden Trampelpfades zu beteiligen, dem asphaltierten Weg folgend scharf nach links abbiegen, wartet ein weiterer Straßenübergang. Ihn nutzen morgendliche Berufspendler als Abkürzung, um einer ungünstig getakteten Ampelanlage auf der stark befahrenen, nur knapp fünfzig Meter parallel verlaufenden Hauptstraße zu entgehen. Es sind meist forsch fahrende Singles, die jede Verzögerung als persönliche Beleidigung oder gar Karrierehindernis empfinden, die jedoch gerade um diese Zeit, wie sie nur zu genau wissen, an ihrer Lieblingsabkürzung mit kreuzenden Grundschulkindern zu rechnen haben. Besagter Übergang mündet in einen Kreisverkehr und ist so eng gehalten, dass er nicht von zwei Fahrzeugen gleichzeitig zum Ein- bzw. Ausgliedern genutzt werden kann. Ich erkläre dies en detail, da an dieser Kreuzung, als einziger unseres Schulweges, von elterlicher Seite nicht selten ein entschlossener Einsatz als Schülerlotse gefordert ist. Oft stelle ich mich mit ausgebreiteten Armen – einem Ostberliner Ampelmännchen oder unserem Erlöser Jesus Christus gleich – mitten auf den Übergang und ermögliche den Kindern so ein sicheres Überqueren der Straße.

Sofern allerdings, wie in unserer Familie keine Ausnahme, eines der beiden Kinder bei Erreichen der Kreuzung einige Meter zurückgefallen ist, sich gar noch vor der Heckenbiegung befindet und damit weder für mich noch die Autofahrer zu sehen ist, das andere aber bereits sicher auf die gegenüberliegende Seite gelangt ist, stehe ich weiterhin mitten auf der Straße. Es kann dann, je nach Trödelfrequenz, bis zu einer halben Minute dauern, bis der zweite Sprössling nach groben Ermahnungen und Zurufen das andere Ende des Übergangs erreicht hat. Eine Zeitspanne, die hinreicht, den gesamten Kreisverkehr zu verstopfen und auch zur stark befahrenen Hauptstraße hin für einen Rückstau von mehreren Fahrzeugen zu sorgen. Es ist dabei nicht uninteressant zu beobachten, wie ein zunächst verständnisvolles Nicken auf Seiten der Fahrer oder Fahrerinnen nach etwa zehn Sekunden in ein unruhiges Tippen oder auch Trommeln auf der oberen Lenkradhälfte übergeht und, je nach Charakter, zu Ende der Wartezeit in ein neurotisches Starren zur Seite oder an die Fahrzeugdecke führt. Gehupt indes, ich will dies ausdrücklich hervorheben, wurde bislang noch nie.

Bei der stets präsenten Erwägung, die Straße kurzfristig wieder freizugeben, muss die Möglichkeit einbezogen werden, das trödelnde Kind könnte just in diesem Moment um die Ecke hasten, worauf die eilig anfahrenden Pendler sofort abzubremsen pflegen und damit je nach Abruptheit des Vorgangs Gefahr laufen, einen Auffahrunfall zu verursachen. Es erleichtert die Gesamtsituation auch nicht, mit dem bereits präsenten Kind einfach am Bürgersteig zu warten, bis das zweite endlich um die Ecke kommen möge, denn trotz faktischer oder inszenierter Dringlichkeit bleiben die kanadischen Fahrer zuvorkommend genug, Kindern zwangsläufig das Wegerecht einzuräumen, sodass sich meist ein komplizierter, in der Heftigkeit der Gesten langsam steigender Dialog entspinnt, möglicherweise unter Beteiligung zweier oder dreier Fahrer gleichzeitig. Angesichts des Druckes, unter dem sämtliche Beteiligte stehen, will es in der Regel nicht gelingen, die tatsächliche Komplexität des Sachverhaltes darzustellen, sodass man als verantwortungsvoller Elternteil selbst mit besten Absichten als Querulant erscheinen muss.

Im Grunde eine ausgesprochen kanadische Situation. Die offenbare, ehrliche und habituell tief verankerte Bereitschaft, den Interessen Schwächerer oder Benachteiligter unbedingt gerecht zu werden – schlicht, das Richtige zu tun –, führt bei allen Beteiligten zu einer latenten Unzufriedenheit und zeitigt darüber hinaus kaum produktive Resultate.[5]

---

[5] Toronto weist für Verkehrsunfälle von Fußgängern eine der höchsten Todesraten der westlichen Welt auf.

Ich meine, in den USA läuft niemand zur Schule, in Finnland gibt es nicht genügend Autos und in Berlin so gut wie keinen Kreisverkehr – und wenn, kümmern sie kein Schwein.

Zu bedenken bleibt im Zusammenhang ferner, was es aus Sicht eines Fahrers psychologisch bedeuten mag, dass das später eintreffende Kind die exakt gleiche Mütze, Jacke und Winterhose trägt wie das vorangegangene. Gerade morgenmüde oder unter besonderem beruflichen Stress stehende High Potentials – nicht wenige telefonieren oder simsen während des Wartens – könnte ein tiefes Gefühl der Unheimlichkeit, gar die durch übermäßigen Koffein- oder Tablettenkonsum erzeugte Ahnung eines drohenden Realitätsverlustes beschleichen, denn das Zwillingsphänomen wird ja in Literatur und Kultur durchaus nicht nur als heitere, glückverheißende Kuriosität aufgefasst. Es wird vielmehr als böses Omen oder Teufelszeichen gesehen, weshalb Zwillinge in gewissen Kulturen, etwa denen Westafrikas, gleich nach der Geburt getötet werden – der Intuition folgend, der scheinbaren Identität zweier menschlicher Existenzen hafte etwas Furchteinflößendes, Bedrohliches an, sie stelle gleichsam einen Verstoß gegen die Gesetze des Kosmos dar.

Jedenfalls stört es mich, dass Tuuli heute gerade vor diesem Straßenübergang wieder trödelt und ihren Gedanken nachhängt. Sie weiß, wie sehr ich das hasse. Jetzt stehe ich mit Tyyne da, von links sehen wir einen goldenen Jeep Cherokee in die Seitenstraße rauschen, von rechts bewegt sich der weiße Kastenwagen eines

Angestellten der Telekommunikationsfirma Bell aus dem Kreisverkehr auf uns zu, sodass mir nichts anderes übrig bleibt, als Tyyne, die einsichtig nickt, erneut an die Hand zu nehmen und mit ihr den Grund der nun doch ungewöhnlich lang scheinenden Verzögerung ihrer Schwester zu ermitteln, bevor wir gemeinsam die Straße überqueren können.

»Was ist denn los, verdammt noch mal?«

»Ich finde meine Steine nicht.«

»Welche Steine?«

»Na das von Joutsa, für das *show and tell*.«

»Du hast heute *show and tell*?«

»Ja, und da wollte ich das Steine von Finnland mitbringen. Und jetzt habe ich es nicht mehr.«

Tuuli weint. Zwar wirken die Tränen leicht gepresst, doch die Verzweiflung ist echt. Denn *show and tell* – dieses nordamerikanischste aller pädagogischen Formate – ist wichtig. So wichtig, dass Familien ganze Wochen auf die Frage verwenden, welchen Lieblingsgegenstand das gute Kind als Ausdruck seiner selbstverständlich einzigartigen und höchst individuellen Persönlichkeit dem Klassenverband zu Beginn des Unterrichtstages in einem dreiminütigen Kurzreferat vorstellen wird.

Es war auch diesmal keine leichte Entscheidung, doch letztlich hatte Tuuli für das zweite *show and tell* ihrer kanadischen Existenz das Königsstück ihrer privaten Steinsammlung gewählt: einige Stücke von ihrem finnischen Großvater auf einer sommerlichen Bootstour über den Suontee-See mit Hammer und Meißel aus einem

Fels geschlagenen Muttergesteins. Majestätisch ragen die Millionen Jahre alten, grauschimmernden Felsen aus den Seen dieser finnischsten aller finnischen Landstriche. Sonst ist diese Art von Gestein an der Erdoberfläche nur noch in Neuseeland zu finden – also am anderen Ende der Welt. Das ist die Geschichte, die sie dazu erzählen wollte. Mit Ukkis Stein einmal um die ganze Welt – *get it*?

Zwar hatte ich wiederholt vorgeschlagen, Tuuli könne doch auch das in ihrer Sammlung befindliche Teilstück der Berliner Mauer präsentieren, das ich vor annähernd zwanzig Jahren bei einem Klassenausflug von dem Tapeziertisch eines fliegenden Händlers aus Rumänien stibitzt hatte – und zwar in Nähe des Potsdamer Platzes, also dort, wo heute das schiefe Dach des Sony Centers Zeugnis von unser aller erspürten, postmodernen Obdachlosigkeit ablegt (»Weißt du, Tuuli, das so ulkig wie ein Ufo aussieht, das durchsichtige Zirkuszelt …«). Einen ganzen Tag lang hatte ich damals mit meinem Klassenkameraden Uwe darüber diskutiert, ob das Entwenden eines Gegenstands, der im eigentlichen Sinne niemandem gehört hatte und auch keine praktische Funktion mehr erfüllte, wirklich als Diebstahl zu bezeichnen und also moralisch zu verurteilen, gar rechtlich zu ahnden wäre.[6]

---

[6] Uwe argumentierte: Diebstahl bleibe Diebstahl. Zudem habe der fahrende rumänische Händler, indem er das Stück vermutlich eigenhändig aus der Mauer geschlagen habe, in gewisser Weise eine Leistung erbracht, die ihn zum Eigentümer der Ware mache. Meiner Argumentation nach gehörte die Mauer dem deutschen Volk, und so war meine Entwendung vom Tapeziertisch nichts anderes als gerechtfertigte Rückaneignung eines Stückes nationaler Erinnerung, das zu verkaufen der Rumäne weder rechtlich noch moralisch berechtigt war.

Letztlich dürfte Tuulis Faszination für alles Urzeitliche und damit Dinosauriernahe den Ausschlag für den Mutterstein gegeben haben. Aus meiner Sicht ist diese alterstypische Neigung eine Strategie des kindlichen Bewusstseins, erste Ahnungen der eigenen Vergänglichkeit wirksam zu bearbeiten. Jedenfalls erwachte das Interesse für die ausgestorbenen Echsen in unserem Falle recht exakt zu dem Zeitpunkt, da die Kinder zum Einschlafen von konkreten Ängsten erzählten, eines Tages selbst sterben zu müssen. Das Bewusstsein für die eigene Sterblichkeit, so ließe sich annehmen, wird durch die Flucht in vage Urzeiten gleichsam abgefedert und bietet zudem eine durchaus narzisstische und damit allzu menschliche Pointe: Ja, als Einzelne mögen wir sterblich sein. Euch Dinosaurier aber hat es als gesamte Gattung erwischt! Könnt ihr mal sehen.

Ich sage dies vor dem Hintergrund der Tatsache, dass Tuuli offen zugibt, beim Blick auf den sternenklaren Nordhimmel lieber nicht über dessen Größe und Weite nachdenken zu wollen, da ihr diese Gedanken ein »so komisches Gefühl im Bauch« machen. Ist ja auch höchst unheimlich. Man muss nur mal hochschauen. Hühner sind übrigens direkte Nachfahren der Dinosaurier. Wussten Sie das?

Wir kauern zu dritt auf dem Gehweg und breiten den Inhalt von Tuulis Rucksack auf den noch morgenfeuchten Betonplatten aus. Viel ist es nicht: ein grüner Ordner mit Klettverschluss, in dem sich Tuulis persönliche Hausaufgabenakte befindet, eine Lunchbox und ein kleiner Thermosbehälter mit warmem Mittagessen für die große Pause um halb zwölf. Keine Steine, obwohl meine finnische Frau mich gestern Abend extra noch einmal darauf hingewiesen hat, Tuuli daran zu erinnern, diese auf keinen Fall zu vergessen.

»Ich hol sie schnell von zu Hause, Paps. Ich weiß, wo sie liegen.«

»Auf keinen Fall, wir sind ja jetzt schon zu spät.«

»Aber dann habe ich nichts zu erzählen!«

»Manchmal geht es nicht zurück. Dann muss man als Mensch mit den Konsequenzen leben. Und weitergehen.«

»Aber Paps …«

»Erzähl doch was über die Frühlingssuppe. Das ist Mummis Rezept und auch sehr alt und auch aus Finnland.«

»Ich will aber nicht über die Frühlingssuppe erzählen!«

»*Myöhäistä itkeä kun paska on housuissa.*«[7]

Das ist die Stimme meiner Frau und ihr Lieblingssprichwort. Ich drehe mich ängstlich um, sehe aber nur Tyynes grinsendes Gesicht.

»*You don't have to say that! You DON'T have to say THAT!*«

»Stimmt, Tyyne, das war jetzt wirklich sehr unpassend.«

Natürlich ist es sehr passend. Aber wir müssen jetzt weiter. Und natürlich hat meine Frau recht, wenn sie heute

---

[7] Es ist zu spät zu weinen, wenn die Scheiße bereits in der Hose ist.

Abend behaupten wird, »das Berliner Mauer hättest du ganz sicher nicht vergessen«, und auch, wenn sie darauf hinweisen wird, letztlich falle das alles doch auf sie als berufstätige Mutter zurück, nicht auf mich, sondern auf sie (»Weißt du doch, wie der Menschen denken, Mensch!«), und hinab wird es gehen in die erniedrigendste aller Entmündigungsschleifen, da die Mutter den Vater nicht …

Ein wütendes Kind, das mit beiden Fäusten ein anderes zu schlagen versucht. Zwei Hunde, die von ferne bellen. Ein Mann auf den Knien, der hofft, dass niemand zusieht. Ich bin schuldig. Ich bin an allem schuld. Mir ist danach, die Arme auszubreiten. Denn da ist es wieder, dieses Gefühl …

»Also, Tuuli, jetzt schauen wir noch einmal nach. Gründlich.«

»Hab ich doch schon.«

»Auch in der Vordertasche mit dem Reißverschluss?«

»Oh.«

»Die Handschuhe sehe ich schon mal. Und da, ganz unten, dein Joutsa-Stein.«

»Ja, da ist er. Da ist er! Tyyne, *kato, isi löysi Ukin kiven*.«

»Na also, der Papa hat den Stein gefunden. Siehst du, es ist wirklich so, wie die Mama immer sagt …«

»Sachen verschwinden nicht einfach.«

»Genau. Manchmal muss man nur ein bisschen tiefer suchen. Und sie auch wirklich wiederfinden wollen. Dann geht's auch weiter. Verstehst du?«

»Ja, Paps, verstehe. Sind wir spät jetzt?«

»Ja, jetzt sind wir ein bisschen spät dran. Also schnell weiter.«

13

BAD KARMA

Nicht einmal Mummis Wollsocken bewahren mich vor kalten Füßen. In Deutschland ist es jetzt 16:22 Uhr. 16:23 Uhr. Der Wind peitscht in Böen gegen das von innen vereiste Kellerfenster von Sauls Arbeitszimmer. Ein zur Wurst gerolltes Saunahandtuch soll den stetigen Wasserfluss dämmen. Dezember in Bloomington, Indiana. Der Raumheizer, kaum größer als ein Kassettenrekorder, bläst mir unter stetigem Dröhnen Heißluft in den Rücken, die vage nach verbranntem Plastik riecht. Ein chinesisches Fabrikat. Pia hat gestern eigens nachgesehen.

Ich wärme meine Hände an einem Kugelschreiber der örtlichen Credit Union, der die vorangegangenen Minuten direkt neben der Gebläseöffnung des Laptops gelegen hat, und denke über meine nicht existente amerikanische Kredithistorie nach. Mist! Meine Kinder sitzen derzeit mit hoher Wahrscheinlichkeit auf ihren neonfarbenen Plastikmatten und wiederholen heiter erregt die Wochentage einer Sprache, die sie nicht verstehen.

Nur *awesome* können sie schon perfekt! Aber *awesome* hat meine Frau zu Hause verboten, genauso wie *Oh my God!* und die karminroten Cheerleader-Pompons, die ich vergangene Woche aus einer Laune heraus als Sonderangebot erworben habe. (»Passiert doch gerade alles in ihres Kopf, oder willst du dann, dass der Mäuse später mal solche Tussis werden?«)

Selbst aufpassen. Schließlich sitzt sie derzeit im Büro ihres Dekans, weil sie in einer Unterrichtsstunde laut und deutlich *Jeesus!* geflucht hat und eine evangelikale Studentin sich dadurch in ihren religiösen Gefühlen beleidigt fühlte. Dabei wollten wir heute eigentlich endlich mal wieder ...

Dennoch, nüchtern betrachtet ist meine Position eine außerordentlich luxuriöse, um die mich zwei Drittel der zivilisierten Welt mit Recht beneiden sollten. Ich hätte nämlich jetzt zwei volle Vormittagsstunden ganz für mich, um beispielsweise ein gutes Buch zu lesen. So wie Saul, der offenbar nur gute Bücher liest. Neben vermutbaren Klassikern (Thoreau, Melville, Twain, Hemingway, Faulkner, Franzen) rechter Hand zwei hohe Regale zur Geschichte lateinamerikanischer Befreiungsbewegungen. Aber auch anwendungsnähere Lektüre wie Carlos Castanedas *Die Lehren des Don Juan* oder Stephen Cowleys *Seven Habits of Highly Effective People*. Merke: »Wenn Ihnen ein Mensch mitteilt, er habe für eine bestimmte Aufgabe keine Zeit, zeigt dies nur, dass er andere Präferenzen hat.« Ja, das ist wohl so.

Als eher metaphysischer Typ fühlte ich mich allerdings von Anfang an zu den linker Hand gesammelten Werken fernöstlicher Lebenskunst und Spiritualität hingezogen. Bis spätestens Weihnachten will ich mit dem Buddhismus durch sein. Wenn ich nur nicht immer einschlafen würde! So wie gestern Abend auf Seite 39 von Peter Harveys Standardwerk *Introduction to Buddhism: All intentional actions, good or bad, matter, for they leave a trace on the psyche which will lead to further results*[8], stand da.

Steht da. Das soll der Grundsatz sein, auf dem die gesamte Idee des Rads der Wiedergeburten und damit auch meines Karmas beruht. Klingt ja zunächst wie eine Erziehungsregel: Achtung, was auch immer du bewusst tust, das hinterlässt Spuren in deiner Wiedergeburt. Also in deinen Kindern?

Lassen wir die Sache mit den Wiedergeburten zunächst mal beiseite, bleibt die These, jede Handlung hinterlasse eine Spur im Bewusstsein, die wiederum gewisse eigenwillige Wirkungen hervorrufen mag. Und wer wollte das ernsthaft bestreiten? So ist es zum Beispiel absolut sicher, dass jede meiner momentanen Klickhandlungen im Internet Spuren in Sauls Zweitlaptop hinterlässt, die über verschlungene Wege dazu führen werden, dass er über die kommenden Jahre unaufgefordert Spammails erhält, die ihn über die günstigsten Flugverbindungen nach Frankfurt informieren oder diverse, wissenschaftlich bestens getestete Verfahren zur Penisverlängerung.

[8] Alle beabsichtigten Handlungen, ob gut oder schlecht, zeitigen eine Wirkung, denn sie hinterlassen in der Psyche eine Spur, die zu weiteren Ergebnissen führt.

Google-Karma, sozusagen. Das wäre eine Weise, es sich vorzustellen. Nur eben in kosmischem Ausmaß. Und für jeden Einzelnen. Immer. Und immer wieder. Verstehe ich das richtig?

Ich kann mich nicht konzentrieren. Mir ist kalt. Und es wundert mich, kein Russe zu sein. Im Aufmacher eines neu gegründeten politischen Internetmagazins steht, dass angehende Präsidentschaftskandidaten ihren Parteien schriftlich darüber Auskunft geben müssen, ob sie jemals persönlich auf Pornoseiten gesurft haben. Vergib mir, Saul, denke ich. Das war eine bewusste Handlung. Und sie war gut. Google ist das scheißegal.

Es soll ja, behauptet mein Vater, seit ich mich erinnern kann, gewisse Signalwörter geben, bei deren Nennung Telefonüberwachungsbänder der Geheimdienste irgendwo in Bonn, Brüssel oder Washington automatisch anspringen, weshalb er noch bei jedem Anruf in Finnland vor dem ersten Gruß erst einmal eine möglichst explosive Begriffssalve abfeuerte, wie etwa »SaddamGaddafiNuclearAttack« oder »PlutoniumOsamaDeliveryDschihad«. Er täte dies, damit die »Arschlöcher vom CIA«, wie er sich ausdrückte, auch etwas zu tun hätten. Und ich habe es immer als Zeichen höchster Vertrautheit angesehen, dass meine finnische Frau, wenn sie den Hörer abnahm, nach Erkennen seiner Stimme unmittelbar ein »OlofPalmeCommunismWinterWar« oder »SomaliExchangeStudentCaricature« abfeuerte. Die Kinder haben als Babys noch mitgehört und fanden es besonders lustig. Mein Gott. Spuren, überall Spuren. Ja, der Opa, hat immer Späße gemacht. Fast bis zum Ende. »Kauf dir bloß keinen Hund«, waren seine letzten Worte an mich. Und: »Investiere in Aktien!« Wer hat wann was getan, damit es zu dieser Handlung kam?

14

SIEHST DU DAS AUCH?

Das Einzige, was in diesem Zimmer an mich erinnert, sind zwei leere Joghurtbecher am Fuße des Lesesessels. Es ist statistisch erwiesen, dass sich Zwillingsväter stärker in den Haushalt einbringen. Genauso wie es erwiesen ist, dass Eltern von Zwillingspaaren in den ersten vier Jahren eine besonders hohe Scheidungsrate aufweisen.

Neben dem Computer ein weißes Blatt Papier, aus dem in den nächsten Minuten ein Einkaufszettel werden soll. So muss sich eine Schreibblockade anfühlen. Dabei ist völlig klar, was wir brauchen. Pia hat es gesagt, nämlich: »Das Übliche«, beziehungsweise: »Alles.« Oder: »Schau doch einfach in das Kühlschrank nach.« Die Aufgabe besteht dann darin, das zu sehen, was nicht da ist. Ich finde das nach wie vor sehr schwierig und musste mit den Jahren überdies begreifen, dass meine Vorstellungen des »Üblichen« dazu neigen, »das Wesentliche« zu vergessen.

Mehl zum Beispiel. Und selbst wenn ich mich daran erinnere, es mitzunehmen, ist es nicht das richtige Mehl, nicht das mit dem grinsenden Quäker drauf, und allein von diesen Quäkerpaketen gibt es im lokalen Kroger-Supermarkt sieben verschiedene Versionen in mannigfachen Größen. So stehe ich mehrere Minuten hilflos vor den Regalen wie mein Cousin Reinhardt, als er damals gleich nach der Wende zu uns gezogen war. Es kam auch schon vor, dass ich einen Angestellten des Supermarktes fragen wollte, mich in meiner Aufregung aber nicht erinnern konnte, was Mehl auf Englisch heißt.

Das Problem fehlenden Scharfblicks besteht allerdings vor allem innerhäuslich, etwa in Hinblick auf winzige Tomatenflecken neben geputzten Herdplatten oder Brotkrümel in der Durchreiche, dort, wo die Ameisen so gerne eine Straße bilden. Ich begreife durchaus, dass ein Plastikschieber nicht optimal ist, um eine Pizza aus dem Backofen zu heben. Aber es geht auch, vor allem, wenn der Teflonschieber nicht zu finden ist oder so weit oben in den Regalen abgelegt wurde, dass ich ohne Stuhl nicht herankomme. Was ich sagen will: Es steckt keine Absicht, nicht einmal Achtlosigkeit, hinter meinem Versagen. Glaube ich.

Leicht abstrakt gesprochen stehen sich hier zwei Interpretationen der ehelichen Gesamtsituation durchaus unversöhnlich gegenüber: Meine Frau mutmaßt hinter dem Muster meines haushälterischen Verhaltens eine Form systematischer Sabotage und damit eine bewusste Verletzung grundlegender Regeln unseres Zusammenlebens, letztlich eine gezielte Missachtung ihrer Bedürfnisse und Menschenrechte (»Glaubst du, mich macht das Spaß?«). Nicht nur, dass sie die mir in aller partnerschaftlichen Fairness übertragenen Aufgaben dann letztlich doch selbst machen muss, nein, durch meine offenbaren Unzulänglichkeiten wird sie zudem in die Rolle der ewig nörgelnden *bitch* oder gar Mama gedrängt – eine für Ehen bekannte fatale Dynamik.

Ich hingegen vermute hinter der umfangreichen Übertragung von Eigenverantwortung, ja der expliziten Einräumung einer totalen Handlungsautonomie im häuslichen Bereich (Denke, schau doch selbst!), nichts anderes als eine subtile Dominanzstrategie, die, wenn auch nicht notwendig bewusst, auf eine faktische Totalentmündigung meiner Person abzielt. Schließlich weiß sie nur zu genau, dass ich an den gegebenen Anforderungen – gemäß der von ihr angelegten Erfüllungsstandards – scheitern werde.

Jede der beteiligten Parteien fühlt sich also auf durchaus tragische Weise unverstanden, unbefriedigt, missachtet. Und es ist unklar, ob eine Haushaltshilfe wirklich helfen würde.

In dem sozialwissenschaftlich zugegebenermaßen noch recht schwach entwickelten Bereich der interkulturellen Sportfanforschung besteht die Hypothese, dass es – ähnlich wie beim Erlernen menschlicher Sprachen – eine gewisse Schlüsselzeit gibt, in der wesentliche Wahrnehmungs-, Bewegungs- und Verständnismuster einer jeweiligen Sportart eingeübt werden müssen. Wer etwa gewisse Laute des Chinesischen oder der afrikanischen Khoisan-Sprachen bis zum vierzehnten Lebensjahr nicht gelernt hat, wird sie nie mehr akzentfrei hervorbringen können. Gleiches soll auch für tiefgreifende und komplexe grammatische Muster des finnischen Partitivs gelten. Und wer nun, analog zur Situation bei natürlichen Sprachen, bis zum vierzehnten Lebensjahr zum Beispiel niemals Baseball gesehen, geschweige denn gespielt hat – gleichsam mit der Grammatik des Spiels nicht von Kindesbeinen an vertraut gemacht wurde –, wird es sehr, sehr schwer haben, dieses Spiel und seine mannigfachen Schönheiten jemals »von innen« zu sehen, es im eigentlichen Sinne verstehen, geschweige denn beherrschen zu können. Es wird dieser Person beispielsweise sehr schwerfallen, mit bloßem Auge einen Curveball von einem Slider zu unterscheiden oder einen Changeup von einem Knuckleball.

Man könnte sich das für Wahrnehmungs- und Handlungsmuster der Pflege des Haushalts – etwa im Küchen- und Nasszellenbereich – ganz ähnlich denken. Schließlich wurden mitteleuropäische Mittelschichtsmänner meiner Generation (geb.1972) in ihrer Kindheit kaum mit Küchenarbeiten beauftragt und also vertraut gemacht, weshalb sie als Erwachsene, prinzipiell durchaus emanzipationsfreundliche Ehemänner und Väter, im wahrsten Sinne des Wortes einfach nicht sehen, was im eigenen Heim zu tun ist oder wäre. So wie ihre durchaus fußballinteressierten und in Grenzen sogar kenntnisreichen Gattinnen aus Finnland dann doch nicht erkennen, ob die Bayern heute ein 4-4-2- oder aber 3-5-2-System spielen oder ein Spieler des rechten Mittelfelds die ihm übertragenen Löcher einfach nicht zumacht.

Es gälte zu begreifen, dass derartige Phänomene nichts oder zumindest erst in zweiter Linie etwas mit Unwillen, Dummheit, mangelndem Interesse oder Achtung zu tun haben. Sie sind vielmehr frühen kulturellen Prägungsprozessen zu verdanken, für die eine betroffene Person, wenn überhaupt, nur äußerst eingeschränkt verantwortlich gemacht werden kann. Grund für das beschriebene häusliche Spannungsverhältnis zwischen Ehemann und Ehefrau, Kindsvater und -mutter, ist also bei Lichte betrachtet der denkbar umfassende Transformationsprozess der Geschlechterrollen innerhalb der westlichen Kultur. Es erfordert deshalb gerade von Seiten der Frauen besonderes Verständnis sowie nachsichtige Unterstützung.

So in etwa mag ich es meiner Frau gestern Abend in Sauls und Donnahs seidenbezogenem Kingsize-Bett (oder war es Queen-Size, ich verwechsle das immer) erklärt haben.

»Musst du deiner Schlamperigkeit nicht auch noch mit dieser Arschlochtheorien von Fußball rechtfertigen. Das macht mir jetzt aber richtig wütend!«

»Schöne, ich versuche nur, ein gewisses Verständnis für meine Situation zu erzeugen. Ich sehe es manchmal wirklich nicht.«

»Aber die finnische Jungs mussten zu meine Schulzeit schon das Haushaltsunterricht nehmen, das *kotitalous* nämlich, genau wie der Mädchen.«

»Bei uns in Baden-Württemberg gab es so ein Fach aber nicht.«

»Na, kannst du mal sehen, du.«

»Jetzt sag doch bitte, was ich morgen noch einkaufen soll.«

»Aber dann sage mich erst einmal: Bei uns an der Universität, hier in Bloomington, da sind der ganzen Putzkräfte fast alles Männer, meistens aus Pakistan und der Philippinen, und wie heißen der mit den Turbanen?«

»Sikhs?«

»Ja, und der Sikhs. Glaubst du dann ehrlich, dass der die kulturelle Putzmuster in Kopf haben, weil der früher bei sich zu Hause in Pakistan mithelfen mussten? Oder was?«

»Weiß ich nicht. Habe ich noch nicht drüber nachgedacht.«

»Dann mach der mal. Ich schlafe jetzt. Tschüss.«

»Und sonst?«

»Nix sonst. Gibt nix heute. Tschüss.«

Sauls Buddha meditiert auf dem zweiten Bord des linken Bücherregals. Lotussitz. Klar. Ein Geschenk von Donnah. Der Sockel der Tonfigur trägt die Inschrift: *Existential Dilemmas*. Erst jetzt fällt mir auf, dass sich der Kopf abnehmen lässt. Der Buddha ist innen hohl. In seinem Bauch ein abgebranntes Streichholz und ein kleiner, kaum fingernagelgroßer Klumpen Haschisch.

Ach, Saul, Bruder, wie macht er das nur, dein Budhha – alles zu sehen, die gesamte kosmische Reihe des Werdens, und dennoch zu lächeln. Geistig Äonen zu bereisen, und doch ganz im Moment zu sein. Vollendet achtsam, wie es in den Schriften heißt. Ich verstehe es nicht. Oder hätten wir einfach früher damit anfangen sollen, du und ich?

Wir brauchen Joghurt. Und fettarme Milch. Rice Crispies. Mehl. Zigarettenblättchen. Und Blumen.

Ja, Blumen sind immer eine gute Idee.

15

PUFFELIS

Keine zehn Meter vor mir laufen meine Töchter. Sie sind mit einem Mal bester Stimmung und erörtern auf Englisch den anstehenden Schultag ihrer *puffelis* – zweier kreisförmiger, handtellergroßer Stofftiere, die aus nichts als Augen und einem breiten Grinsen bestehen. Die *puffelis* sind Zwillinge, Blinker und Thinker.

Meine Kinder müssen nicht geschoben werden und nicht getragen. Sie machen nicht nach fünfzig Metern schlapp und interessieren sich kaum noch für am Boden liegende Papierfetzen. Sie können sich zumeist allein abputzen und haben die Maßnahme des präventiven Pieselns vor dem Aufbruch so weit verinnerlicht, dass selbst bei längeren Busfahrten keine Notsituationen mehr entstehen. Sie sabbern nicht mehr und vermögen Bauchschmerzen als solche zu benennen. Sie haben sich heute morgen angezogen und sogar eigenständig die Strickjacken zugeknöpft. Sie können sich ihren Toast selbst dann schmieren, wenn die Butter direkt aus dem Kühlschrank kommt. Letzten Sonntag haben sie uns Frühstück gemacht.

Sie haben keine imaginären Freunde mehr, deren Zwangsstörungen es unbedingt zu berücksichtigen gilt. Sie würden den Weg zur Schule allein finden – und auch den zurück. Sie werden mir einen dicken Kuss geben, bevor sie im Gewimmel des Hofes untertauchen. Sie werden sich für diesen Kuss nicht schämen. Sie würden ruhig warten, wenn ich heute Nachmittag zehn Minuten zu spät käme. Sie wissen in etwa, wie lange zehn Minuten sind – und auch zehn Jahre. Sie fragen mich nicht mehr, wo Gott wohnt. Sie würden sich an mich erinnern, wenn ich in diesem Moment stürbe.

Keine zehn Meter entfernt läuft ein Teil von mir. Zwei Teile. »Meine« Kinder.

Keine Wendung könnte gewöhnlicher sein. Keine unheimlicher. Mein Kind. Etwa so wie »meine Füße«, »meine Hose«, »mein Name«? Oder »meine Gedanken«? Nun, da vorn laufen sie.

Sie leiden tagsüber keinen Hunger, nachts keine Kälte. Sie sind krankenversichert. Sie müssen nicht arbeiten. Nicht verkauft werden. Sie üben an sechs Stunden des Tages elementare Zivilisationstechniken ein. Den Rest der Zeit spielen sie. Sie haben jeden Tag frische Kleidung. Sie glauben, dass der Strom aus der Steckdose kommt. Sie wurden noch nie geschlagen. Sie können ein Handy bedienen und im Internet surfen, um ihre digitale *puffeli*-Familie zu füttern. Sie fliegen lieber Lufthansa als Air India. Sie leben in einem Land, in das drei Milliarden

Menschen auf diesem Planeten einwandern wollen. Sie sind zwei ganz normale, knapp siebenjährige Kinder in Toronto, Kanada, die an diesem Morgen zur Cedarvale Community School gehen. Sie sind die Eloy der Weltgeschichte. Das ist wahr. *It is true. Se on totta.*

Meine Gedanken schweifen ab nach Berlin. Die silberne Kugel des Alex blitzt in der Sonne. In ihrem Zentrum, klar zu erkennen, ein gleißendes Christenkreuz. Über Jahrzehnte hatten Ostfunktionäre alles versucht, diesen Lichteffekt zu verhindern, mussten sich den Gesetzen der Optik aber letztlich geschlagen geben.

»Die Ossis halt«, grunzt Boris und richtet sich langsam auf, als er hört, wie Jörn die Bierflachen aus der Jutetasche holt. Das gute bayerische Bier, das es nur beim Händler in der Oderstraße gibt. Wir stoßen auf das Wohl unserer schönen, neuen, klugen Kinder an.

»Also dann, Jungs, jetzt müssen wir nur noch erwachsen werden!«, grinst Jörn.

Läuft schon verdammt gut runter.

Jörns Tochter Svea ist im Buggy eingeschlafen. Tyyne dämmert im Babytragesitz auf meinem Bauch, Tuuli liegt im Kinderwagen. Mit Mützchen, klar.

Insgesamt sind wir wohl zehn, fast ausschließlich Pärchen, plus Britta und Adam als Alibisingles, die, genau wie wir selbst, aus der gesicherten Picknickposition der Gruppe heraus die Leute auf den anderen Steppdeckeninseln im Volkspark Friedrichshain beobachten. An einem Tag wie heute sind es Hunderte.

»Und bloß keinen *merger* heute«, mault Henning, »ist immer so anstrengend mit neuen Leuten.«

Ihr Völker der Welt, schaut auf diese Stadt! Der grüne Außenminister unserer Republik ist ein ehemaliger Taxifahrer, ihr Kanzler in vierter Ehe glücklich verheiratet. Familie ist, wo Kinder sind, lautet sein Credo. Und das finden wir auch, weshalb es ja fast schon spießig wäre, im gegebenen Fall nicht zu heiraten. Vor allem, wenn man ohnehin schon mehr als zehn Jahre zusammen ist. Wir schlafen nicht in der Gegend herum oder sprechen wenigstens nicht darüber. Knapp über dreißig, stehen manche im ersten Anstellungsverhältnis, die meisten aber sind von Beruf noch Projekt, jeder hat mindestens eins davon – und wusste sich mit etwas Glück auch ein öffentliches Stipendium dafür zu erschleichen. Wir sind mittendrin, in dem, was Soziologen die Flunderphase nennen, und als Brian den Begriff aufschnappt, macht er sich ganz flach und bittet Svenja, sie möge sich nun auf ihn legen, ihm sei gerade so zappelig zumute. Uuuaah, ich bin eine Flunder!

Es würde noch drei Biere brauchen, bis wir über unsere Ängste sprächen, aber diese drei Biere trinken wir nun nicht mehr. Bis auf die dazugehörigen Leben wollen wir all das, woran wir aus den Reihenhäusern unserer westdeutschen Jugend gewöhnt sind. Die Autos unserer Eltern fahren wir schon, sie sind uns zur Geburt der Enkel geschenkt oder überlassen worden. Morgen früh werden wir mit ihnen in den Zoo fahren, den Ostzoo natürlich, den wir übereinstimmend als weiter und schöner empfinden. Wir werden diese Stadt regieren. Regieren sie im Grunde bereits jetzt schon.

»Ob es stimmt, dass Londoner Investoren gerade den Prenzlauer Berg aufkaufen?«, frage ich.

»Ist wohl so, Florida zieht nicht mehr!«, bestätigt Boris aus dem Schatten heraus.

Es ist der Auftakt zu einem bereits unzählige Male so oder ähnlich inszenierten Erbauungsgespräch, das ausnahmslos mit der Einsicht endet, auch eine Großstadtkindheit könne »funktionieren« und dass es ein Umzug nach Potsdam oder Schmargendorf jedenfalls auch »nicht sein könne«. Tipps über effektive Methoden zur Erlangung einer Briefkastenadresse in einem bevorzugten Grundschuleinzugsgebiet finden reges Interesse. Die Zukunft der eigenen Kinder auf dem Altar einer gescheiterten Bildungspolitik zu opfern, kommt nämlich auf keinen Fall in Frage.

Gerade als ich über Adams Lieblingswitz lachen will (Eva im Paradies zu Adam: Liebst du mich? Adam: Ja, wen denn sonst?), sehe ich hundert Meter entfernt, nahe des Abenteuerspielplatzes, ein bekanntes Gesicht. Es ist der Vater eines Säuglings, der mit Tuuli zusammen in der Neonatologie gelegen hatte. Bei einer Routineuntersuchung konnte der Frauenarzt den Herzschlag des Babys plötzlich nicht mehr hören. Der Kleine war der Mutter noch im Ambulanzwagen aus dem Bauch geschnitten worden. Sechster Monat.

»Ja, da gibt es harte Geschichten.« Jörn legt ein Stilltuch über Sveas Gesicht.

»Muss ich jetzt nicht hören«, knurrt Boris und winkt unseren Frauen zu, die mit ihren Bratwürsten vom Kiosk zurückkommen. Ist Doris nicht eigentlich Vegetarierin?

Vielleicht erzählte Adam dann etwas von den Laubfröschen in New Yorks Central Park, die als Männchen auf die Welt kommen, nach nur wenigen Wochen aber zu Weibchen werden, des durch hinuntergespülte Antibabypillen hormonell völlig verseuchten Grundwassers wegen. Ich weiß es nicht mehr. Ich weiß nur noch, wie stolz wir auf dem Heimweg waren: auf uns, unseren ersten Ausflug, auf die gerade einmal dreißig Tage alten warmen kleinen Wesen mit den langen Wimpern, die auf unseren Bäuchen ganz eigene Träume träumten.

»Sind unsere jetzt, weißt du, mein Mann?«

»Ja, weiß ich.«

Beim Überschreiten der Schwelle unserer Wohnung habe ich das Gefühl, ein Schiff zu betreten. Sogar der Boden scheint zu wanken. Wir weinen, und es ist nicht nur Glück in unseren Tränen.

Ich weiß, dass sie auch jetzt wieder im Park sind. Jörn gibt Sveas Laufrad einen kräftigen Schub. Mit einer Hand sichert Boris die über den Baumstamm balancierende Linnea und hält mit der anderen sein Handy. (»Und bring noch was von dem Serrano-Schinken mit, ja?«)

16

FRÜHLINGSSUPPE

In Mittelfinnland gibt es den nächsten Serrano-Schinken, wenn überhaupt, zweihundert Kilometer südlich zu kaufen. In Helsinki. Der Akku meines Handys ist leer. Aber es ruft mich hier sowieso niemand an. Pia ruht in der kleinen Schlafhütte (*aitta*) aus. Mit einem Buch auf dem Schoß sitze ich zusammengekauert im Trainingsanzug auf einem Campingstuhl, den mein Schwiegervater vor dreißig Jahren aus dem Sperrmüll gerettet hat, und schlage mich hin und wieder kräftig. Mücken töten. Es ist später Mai. Sonnenstrahlen funkeln in den letzten Schneeflecken des Waldes. Birken flimmern im Wind, vom anderen Ufer der Klang von Motorsägen.

Die Kinder kochen im *leikkimökki* Suppe für ihre Puppen und Bärchen. *Leikki* heißt auf Finnisch Spiel und *mökki* Hütte. Ukki hat das Modell vergangenen Winter in seinem *pömpeli* gezimmert, Maßstab 1:10, nicht unähnlich den Spielhütten auf deutschen Kinderspielplätzen, nur mit von innen abschließbarer Tür, Kochnische, Schlafpritsche, echten Glasfenstern, skandinavisch rotem Anstrich und Geranientöpfen am Eingang. Ukki tüftelt derzeit an einem Stromanschluss, was ich aber nicht verraten darf und meine Frau sowieso niemals zulassen wird.

Meine Hauptaufgabe besteht seit einer Stunde darin, darauf aufzupassen, dass meine Töchter nicht auf den Steg laufen und von dort aus in den See fallen. Zudem könnten sich im Gras neben der Spielhütte Kreuzottern sonnen. Für den Fall eines Bisses wäre dann unverzügliches Eingreifen gefragt. Nicht zuletzt hat ein Habicht vor zwei Tagen auf dem Hof des benachbarten Schweinezüchters einen Riesenrammler gerissen – und wesentlich größer als ein deutscher Zuchthase sind Tuuli und Tyyne auch nicht. (»Kannst du mich das Gefahr ruhig glauben.«) Wenn ich bedenke, dass unangeleinte Kampfhunde – neben den Stipendiumsbestimmungen meiner Frau – zu den internen Hauptargumenten für unsere Umsiedelung zählten … Nein, nur nicht nachdenken. Ist doch alles gut, sehr gut sogar. Ist genau, wie es sein soll. Vor uns liegt ein langer Pippi-Langstrumpf-Sommer, und wenn es mit Pias Job in Lahti klappt, womöglich sogar mehr. Ist ja nur eineinhalb Autostunden von hier entfernt. Zur Freien Uni war es von Friedrichshain aus auch nicht schneller. Dann blieben wir hier. Im Wald. Am See. Für immer. Und schon in wenigen Jahren würde ich auf mein Berliner Leben mit der gleichen Seelenruhe zurückschauen wie der gestrandete Crusoe einst auf sein altes Leben in England: »…als etwas weit Entferntes, das mich nichts mehr angeht und von dem ich nichts mehr erwarte, von dem ich nichts mehr ersehne«. Ich würde einfach »hinter dem Rücken Gottes« verschwinden, *jumalan selän takana*, wie die Finnen sagen, und hoffen, dass er sich niemals wieder umdrehen möge.

Am liebsten würde ich mich jetzt eigenhändig an der Fahnenstange neben dem Autounterstand hochziehen, ganz bis nach oben, und von dort Boris und Jörn und all den anderen Hunderten von Eltern auf den Spielplätzen in Friedrichshain zurufen: Seht her, ein anderes Leben ist möglich! Und: Es gibt kein richtiges Skandinavien im falschen! Und schon gar keins in Berlin! Aber ich will meine Töchter nicht erschrecken. Sie spielen so schön und selbstvergessen.

Ich kann sehen, wie ihre Existenzen seit drei Wochen endgültig finnisiert werden, kann hören, was in ihren Köpfen geschieht. Bereits jetzt beherrschen sie den Partitiv besser, als ich es selbst nach Jahrzehnten je vermögen würde. Unter Verwendung von mehr als zehn verschiedenen Fällen tauschen sie sich flüssig darüber aus, wer den Eimer nun in oder von oder aus der Hütte heraus- oder in die Hütte hineintragen soll. Ganz wie von meiner Frau prophezeit, führen die Mückenstiche bei ihnen nicht mehr zu juckenden Schwellungen. Kein Fuchteln, kein Kratzen, keine Paranoia. Einfach eine klaglose Akzeptanz der natürlichen Umstände in Jogginghose und Streifenhemd. Sogar der Bund hängt hinten etwas tiefer, ganz wie bei Ukki, wenn er sich bückt, um ein weiteres Scheit in den Ofen zu legen. Das Gen für diesen

Effekt wird man wohl nie finden. Sie können mit ihren drei Lebensjahren mehr Pilze und Beeren voneinander unterscheiden als ich, und wenn sie heute Abend aus der Sauna barfuß über den feuchten Waldboden auf den Steg laufen, werden sie mit ihren orangefarbenen Schwimmwesten in den vierzehn Grad kalten See springen und mir mit der Stimme ihrer Mutter versichern, es sei gar nicht kalt, gar nicht kalt! *Ei ole yhtään kylmäääääää!* Ob es die Sprache ist, die den Körper abstumpft? Oder einfach der Glaube?

Aus Matsch und Wasser, aus Unkraut und Blüten, aus Rinden und Regenwürmern, aus Kaninchenkot und Kieselsteinen habe sie eine feine Suppe gekocht. Voller Stolz und Sorgfalt. Tyyne schleppt den vollen Eimer zu meinem Stuhl, mit der gleichen erwartungsfrohen Begeisterung, mit der sie mir vor noch einem Jahr den *potta* mit ihren dampfenden Exkrementen präsentierte.

»Hm, riecht das gut, darf ich mal probieren?«

»Nicht alles essen, Papa.«

»Mach ich nicht, keine Angst. Ist es eine Hechtsuppe?«

»Was?«

»Eine Hecht… eine Fischsuppe. Fischsuppe?«

»Ist Pflanzensuppe!«

»*On kevätsoppa!*«, ruft Tuuli aus der Hütte.

»Ja, ja, Flügelsuppe!«

»Hmmhh, Frühlingssuppe. Schmeckt köstlich, und alles drin, was man zum Leben braucht, nicht?«

»Ja. Ja. Alles mit.«

»Ein bisschen Salz fehlt vielleicht.«

»Oh! Salz … vergessen.«

Tyyne rennt zurück zur Hütte, und Tuuli salzt die Suppe nach. Mit der linken Hand, aus der Luft heraus.

Wenn es nur immer so einfach wäre.

17

THE ROAD

Bright Eyes, Dino und Destroyer, so heißen die Fahrräder, auf denen Tuuli, Tyyne und Daniel seit zehn Minuten sitzen, sausen die steil abfallende Sackgasse am Ende des Maplewood Drive hinunter und trudeln in der weiten Linkskurve der letzten Abzweigung aus.

»Nicht freihändig! Daniel, nicht freihändig!«, ruft Aaron.

»Er hat doch Stützräder«, beruhige ich und freue mich an dem Ausdruck *training wheels*. Klingt doch gleich viel positiver als im Deutschen.

»Das ist ja gerade das Problem, da denkt er, er kann alles machen.« Aaron setzt sich ächzend auf die Steintreppe unseres Hauseingangs zurück. »Ich bin zu alt dafür, einfach zu alt.«

Nachbar Dave gibt beim Überqueren der Straße jedem der Kinder ein *High five* (»*Let it rock*, Tuuli!«). Er saß seit einer Weile hier bei uns und ist extra noch einmal zurück ins Haus gegangen, um ein Buch zu holen, das seine Frau letzte Woche in ihrem Lesezirkel durchgesprochen hat – The Road von Cormac McCarthy. Es handelt von einem Vater, der mit seinem siebenjährigen Sohn durch ein fast menschenleeres, postapokalyptisches Amerika wandert. Mit seinen langen grauen Haaren, der schwarzen Sonnenbrille und dem ausgewaschenen Hendrix-T-Shirt wirkt Dave selbst wie der Prediger einer endzeitlichen Hippiesekte.

»Danke, klingt wirklich interessant.«

»Und, was ist jetzt mit dem Haus?«

»Welchem?«, frage ich.

»Na dem von den Templetons, gleich oben an der Kreuzung.«

»Erst mal müssen wir das Ding in Finnland loswerden. Und da liegt noch vier Wochen Schnee. Ohne die entsprechende Kreditkartenabsicherung verlangt die Bank dreißig Prozent als Anzahlung. Wir waren gestern noch mal da.«

»Vor zwölf Monaten waren es noch null Prozent.« Dave setzt sich auf die unterste Stufe der Treppe und dreht sich eine Zigarette.

»Jeder will verkaufen, keiner kriegt einen Kredit. Gott, wir stecken vielleicht in der Scheiße.«

»Wenn ich mir überlege, was wir vor fünfzehn Jahren für unser Haus gezahlt haben. Und der Preis jetzt. Konnte ja auch nicht ewig so weitergehen.«

»Hier in Bloomington sollen die Preise mittlerweile sogar wieder steigen«, sage ich.

»Uhh, also auch auf Pattys Newsletter?«

Dave lacht und nickt ans Ende der Sackgasse, wo der gelbe Mini-Rover der Maklerin unseres Vertrauens steht. Runde Aufkleber zieren die Vordertüren: *Patty knows Elm Heights!*

»Wenn derzeit irgendetwas sicher ist, dann Bloomington. Eine Oase der Seligen, wirklich«, sagt Dave.

»Aber die Wüste wächst.« Aaron schwenkt die letzten Eiswürfel in seiner Grapefruitschorle.

»Ihr wohnt wirklich schon fünfzehn Jahre hier?«

»Yep, sind damals von einer Hütte draußen bei Fort Wayne hierhergezogen, als Cherry den Job beim Wasseramt bekam. Frank war damals fünf, glaube ich. Aber Martha, da links, im letzten Haus um die Ecke, lebt schon mehr als fünfzig Jahre im Maplewood Drive.«

»Ist das die, die jeden Morgen hier mit dem Riesenhund vorbeijoggt?«

»Yep, das ist sie. Wenn du hier erst einmal bist, ist es schwer, wieder zu gehen.«

»Glaube ich sofort.« Aaron stöhnt und erhebt sich erneut, um nachzusehen, weshalb von Daniel nichts zu hören ist.

»Ich muss los, Daniel hat in einer halben Stunde Turnen. Und danach muss ich Christina vom Krankenhaus abholen.«

»Sie hat den Job also bekommen?«

»Ja, hat sie. Erste Schicht heute, auf der Radiologie.«

»Mann, Glückwunsch!«

Zur Feier des Tages nimmt Aaron einen Zug von Daves Zigarette. Er hält sie zwischen Zeigefinger und

Daumen, zieht tief ein und pufft zwei perfekte Kreise in den windstillen Nachmittag. Dave gibt auch ihm ein *High five*. Sie lachen wie über einen uralten Witz.

»Kommt ihr dann, zum Barbecue? Du weißt, wir haben auch einen Whirlpool!«

»Gern. Aber erst mal geht es morgen zur Ostereiersuche in den Wald, mit den Kindern der deutschen Samstagsschule. Gegen vier wären wir zurück.«

»Vier, geht klar.«

18

TOLERANCE

Wäre es nicht mein Leben, ich könnte die Situation sogar genießen. Keine zehn Meter entfernt von meiner Hängematte, gleich drüben in der Garageneinfahrt, hackt meine finnische Frau Holz. Das macht sie immer, wenn sie sich abreagieren muss. Und ich will gern eingestehen, meiner Geschlechtsbestimmung noch nicht so weit entwachsen zu sein, als dass es mir nicht einen kleinen Stich versetzte, sie vor den Augen der Bewohner des Bloomingtoner Maplewood Drive einen Holzquader nach dem anderen spalten zu sehen. Selbst für rumpfdicke Birkenquader mit Hartwurzelanteil benötigt sie meist nur einen oder – was unter Kennern ja als fast noch eleganter gilt – zwei Hiebe, um die erhaltenen Hälften dann mit fast schon herablassender Leichtigkeit abermals zu brenntauglichen Scheiten zu halbieren. Der Schwungradius ist in der Tat gewaltig. Rinde wie Späne fliegen meterweit umher.

Wir haben übrigens nicht miteinander gestritten, meine finnische Frau und ich. Ganz bestimmt nicht.

Während sie Brennholz schlägt, erzählt mir meine Gattin, sie sei heute auf dem Heimweg von der Schule (freitags holt sie die Kinder) von einer vorbeifahrenden Mutter gefragt worden, ob die beiden Mädchen, die gut zweihundert Meter hinter ihr die Straße entlangliefen, zu ihr gehörten. Sie habe dies bei heruntergelassenem Fahrerfenster bejaht, worauf die besorgte Mutter ihr mitgeteilt habe, was sie da tue, sei illegal und höchst gefährlich, man dürfe fünfjährige Kinder nicht unbeaufsichtigt nach Hause laufen lassen. Sie fahre Schritttempo und habe die Kinder durch den Rückspiegel sicher im Blick, habe sie erwidert, erzählt meine Frau, und habe erklärt, sofern ihre Töchter ausdrücklich den Wunsch äußerten, die knappe Meile von der Schule nach Hause zu laufen, sie dies auch dürften. Es gebe hier, in dieser wunderschönen amerikanischen Siedlung, nun einmal keine Gehwege. Scheit um Scheit tritt die Wahrheit ans Licht. Sie habe der Mutter noch erklärt, dass, zöge man das statistisch bestens erfasste Übergewicht einer Mehrheit der amerikanischen Grundschüler und Grundschülerinnen in Betracht, ein derartiges Vorgehen auch anderen »*Kindergartners*« gewiss nicht schaden würde.

»Wer war es denn? Kenne ich die Mutter vielleicht?«, frage ich.

»Ach, so ein fettes Kuh mit Sonnenbrille«, erwidert meine finnische Frau. »Sieht der total unglücklich aus immer.«

»Und die Kinder? Hast du ihre Kinder gesehen?«

»Nein, die saßen hinten in der Van mit verdunkeltes Scheiben. Weißt du, so einer Tussi war das, mit *In-God-we-Trust*-Nummernschild.«

Vermutlich Tammy Berger. Erst vergangene Woche hatte sie unter den im Frühlingswind wartenden Eltern mit ernster Miene ein Flugblatt ihrer Gemeinde verteilt, in dem dazu aufgerufen wurde, dem Generalsekretär der Vereinten Nationen einen Protestbrief zu schreiben, da eine neue UNO-Charta plane, den Zugang zu Internet und mobilen Kommunikationsmedien als neues Grundrecht zu verankern – was nur ein weiteres Beispiel dafür sei, wie globale Institutionen guten amerikanischen Eltern vorschreiben wollten, wie diese ihre Kinder zu erziehen hätten.

»Ah, Tammy wahrscheinlich. Und was hat Tammy dann gesagt?«

»I will report you«, hat sie gesagt.

»Und, was hast du geantwortet?«

»Nix. Hab ich Scheibe wieder hochgefahren und der Kinder weiterlaufen lassen. Was denn sönst?«, sagt meine finnische Frau.

Erst jetzt fällt mir auf, dass sie ihr schwarzes UNESCO-T-Shirt trägt, auf dem mit einem in Lila aufgedruckten Slogan *NO WOMAN LEFT BEHIND* eine globale Erziehungsinitiative für junge Mädchen beworben wird. Ihr – nein, uns – waren die T-Shirts unlängst von der Universität geschenkt worden. Ob im Rahmen des Black History Month, der Breast Cancer Awareness Week oder einfach so, ich vermag mich nicht mehr zu erinnern. Spielt auch keine Rolle. Die eigentlich entscheidende Frage ist nämlich, wie die Staatspolizei auf Tammys Anruf reagieren wird. Eine Überprüfung des Kennzeichens unseres von Donnah geleasten Subaru Outback würde ergeben, dass die Eigentümer des Wagens derzeit in Mexiko weilen. Und das wird nicht gut sein. Auch konnte die Frage nach der Gültigkeit der Autoversicherung im Rahmen des bestehenden Leasingvertrages von unserem Agenten Lance Eberle noch immer nicht abschließend geklärt werden. *(»In the meantime, you are a hundred per cent covered!«)* Selbst nach mehr als einem Jahr in Bloomington besitze ich noch immer keinen Führerschein des Staates Indiana – auch meine Frau nicht.

Ach. Ich stelle mir eine Usbekisch-Dozentin der Freien Universität Berlin vor, die gemeinsam mit ihrem arbeitslosen Gatten aus Afghanistan (einem Schriftsteller) sowie den beiden Töchtern in einer Parkanlage Dahlems einen Hammel schächtet. Keinesfalls auszuschließen, dass die State Troopers Finnland für eine abtrünnige Sowjetrepublik halten. Auch wäre es nicht das erste Mal, dass ein amerikanischer Offizieller ausdrücklich die Frage aufwirft, ob ich mit meiner Frau tatsächlich verheiratet bin. Diese Blicke auf den Flughäfen, wenn ich mit einer Tochter auf dem Arm mein J2-Dependent-Visum gegen die Glasscheibe halte … Nein, das bilde ich mir nicht ein.

In Indiana darf, nebenbei dem Gründungsstaat des Ku-Klux-Klan, sonntags kein Alkohol verkauft werden. Gerüchteweise steht hier auf Oralsex noch immer

Gefängnis, und erst gestern haben Dave und Aaron an der Schulbushaltestelle damit geprahlt, es sei erst einige Jahre her, dass Frauen ohne die schriftliche Erlaubnis ihres Mannes ein Auto erwerben dürften. Ich denke an die Drogen in Sauls Buddha … Was bin ich doch für ein Waschlappen. Vierzehn Millionen Mexikaner in diesem Land würden alles dafür geben, meine Sorgen zu haben.

»Was erzählen wir denn, wenn die Cops kommen?«

»Mach ich das dann schon. Keiner Sorge«, sagte meine Frau und spaltet ein letztes Scheit.

Wer weiß, was die Hunde sonst noch in Donnahs und Sauls Schränken finden würden.

Ich denke an die Anfangszeit. Auch am dritten Tag nach der vereinbarten Übergabe ist Donnah noch mit Aufräumarbeiten beschäftigt. Saul und meine Frau sind zu Lance Eberle ins Büro gefahren, um letzte Details zu klären. Ich passe derweil auf die Kinder auf, die im Garten Kieselsteine sammeln und diese zu kleinen Haufen auf der Terrasse horten. Offenbar Juwelen für eine königliche Hochzeit, wie Donnahs Tochter Zia erklärt.

»Ah, I see, those are jewels«, wiederholte ich und nickte dem Kind erfreut zu, muss aber die Endung vernuschelt haben, denn schon springt Donnah im Pyjama aus dem Schlafzimmer. *»No! Wolf! Not Jews!«*, ruft sie, *»jew-els! We are completely secular, you know. My father hated religion.«*

Das kann ich nicht wissen, hätte es mir allerdings denken können, des Aufklebers auf dem Heck des Subaru Outback wegen.

Die Goldbergs sind weiß Gott nicht die Einzigen, die das Heck ihres Vehikels mit diesem Aufkleber schmücken, vielmehr scheint er im und um den Maplewood Drive geradezu zur Standardausrüstung eines akademischen Familienkombis zu gehören.[9] Es liegt, glaube ich, daran, dass sich in den USA säkulare Menschen mit religiöser Toleranz besonders leichttun und diese besonders toleranten Menschen wiederum am liebsten unter Gleichgesinnten wohnen.

[9] 

19

WINTERSONNE

Wir stehen mitten auf der Holzbrücke über der tiefen Zedernschlucht, die unser Wohngebiet in Toronto in zwei Teile teilt. Unten im Park ein schmaler Joggingpfad, der sich südwärts bis zur U-Bahn-Station schlängelt. Krokusknospen am Wegesrand, uralte Ahornbäume an steilen Hängen, deren Äste unter dem Gewicht sich tummelnder Waschbären erzittern. In der Ferne ragt der CN-Tower hoch über der Skyline auf. Schweigend blinzeln wir in den warmen Wind. Die Zeit muss sein.

Tuuli hält ihren Stein über das Geländer. Wenn sie ihn jetzt losließe, würde er in einen Strauch am Wegesrand fallen oder in den Schmelzbach, der sich einen neuen Weg durchs Tal bahnt. Einfach so würde er dann daliegen, unter all den anderen Steinen. Still, unbeweglich. Für Millionen von Jahren. Das denkt sie gerade, glaube ich. Jedenfalls ist es das, was ich denke.

In diesem Moment betritt Eva gemeinsam mit Abigail die Brücke. Eva, die Wintersonne meiner kanadischen

Morgen! Dieser dynamische Gang, dieser neckisch kurze Bubischnitt, die sportliche Sonnenbrille mit den Rundgläsern. Ach, ich habe schon immer eine Schwäche für die Frauen von Frauenärzten gehabt. Irgendwie wirken die offener. Und dann ist Eva ihres Zeichens auch noch Psychiaterin! Als Kombination schlicht unschlagbar. Sie und ihr Mann, stelle ich mir vor, werden von Freunden gewiss nur äußerst selten um ärztlichen Rat gefragt. Andererseits besteht ja gerade im privaten Umgang mit Psychiatern die Vermutung, sie vermöchten einen von Anfang an so vollends im jeweils eigenen Krankheitsbild zu durchschauen, dass jede Form der Verstellung oder auch nur Zurückhaltung sinnlos erscheint und es also gerade der übermäßige Respekt vor ihrer Spezialisierung ist, der jede Schwellenangst bereits zu Anfang aufhebt.

Nicht zuletzt deswegen bin ich besonders stolz darauf, dass Eva die erste Mutter ist, die hier in Kanada in ein *Playdate* bei uns zu Hause einwilligt. Keine drei Wochen ist es her. Euphorisch kehre ich am Tag der Zusage heim, spreche meiner Frau gegenüber am Abend von einem echten Durchbruch und plane für den vereinbarten Tag Spaghetti Bolognese mit »Papas Supersauce«.

Die erste Stunde läuft hervorragend. Selbstvergessen spielen die Kinder im Zimmer, während ich am Herd Zeit finde, per Internet den Nachrichtenschleifen auf Radio Bayern 5 zu lauschen. So mag Glück aussehen. Der Tisch ist bald gedeckt, das Butterstück zerfließt bereits im dampfenden Topf, als Abigail, ein lebensfrohes Geschöpf mit zarten Locken und von noch zarterer

Statur – gut einen Kopf kleiner als meine Töchter – mit der Gabel in der Hand die Frage nach dem Schweinefleisch stellt.

Ich erstarre. Rieche. Nun, Bolognese. Das Fleisch ist *organic*, wie man hier sagt, also ohne Zusatz von Hormonen. Es stammt von glücklichen, wenn mittlerweile auch toten Tieren. Nur welchen? Ich drehe den am Morgen noch tiefgefrorenen Klumpen in meiner Erinnerung von einer Seite auf die andere. Es geht hier um mehr als die Frage nach der Verträglichkeit, sondern … Ja, worum eigentlich? Eine Art Seelenheil, nehme ich an. Oder kennt das Judentum am Ende gar keine Seele? Kein Jenseits? Fragen, die sich nicht leicht ergoogeln lassen. Wie auch immer, eine falsche Sauce und meine Chancen, vor allem die meines Nachwuchses, auf ein erfülltes Sozialleben hier in Cedarvale wären für ewig verspielt. Ich sehe Eva schon vor meinem inneren Auge auf dem Schulhof stehen. »Stellt euch nur vor, der Deutsche hat meiner Tochter, meiner Tochter …«

Ungeduldig klopfen die Kinder mit den Gabeln auf den Tisch. Was tun?

Wie durch ein Wunder hängt tatsächlich eine Klassenliste mit Telefonnummern am Kühlschrank. Indes erweist es sich als überraschend kompliziert, Abigails philippinischer Nanny Joanna die Dringlichkeit des Problems darzustellen. Erst der von ihr womöglich gründlich missverstandene Begriff eines *cultural emergency* bewegt sie zur Freigabe von Evas Beeper-Nummer im Krankenhaus. Und Eva – wie sie lacht, mich in meiner Not auslacht. Es liege wahrscheinlich an der Großmutter, die über die Winterferien aus Israel zu Besuch gewesen sei.

»Keine Sorge«, versichert sie, »wir sind säkular. Mein Vater hasste Kinder.«

»Kinder?«, frage ich.

»Er hasste die Religion, meine ich«, korrigiert Eva sich und lacht noch lauter.

Auch diesmal verstehe ich den Zusammenhang nicht. Was hat der Vater damit zu tun? Eine verborgene Botschaft? Irgendeine Art von kulturellem Code?

Innerlich befreit gebe ich in Evas Namen die Sauce frei.

»Oh, okay!« Abigail schaufelt sich zwei große Löffel auf den Teller.

Was denn das Wort säkular bedeute, will meine bisweilen überraschend feinhörige Tochter Tuuli wissen.

»Es bedeutet im konkreten Fall, dass Abigail die Sauce essen darf«, antwortete ich auf Deutsch und fügte auf Englisch hinzu, dass dies eine sehr gute Frage sei, mit der sich die Kinder am besten an ihre Klassenlehrerin wenden sollten. Also an Ms. Mohammed … oder Mr. Conrad, der wisse das bestimmt.

Selbst Tyyne ist nun in Bekenntnisstimmung und erklärt feierlich, sie esse so gut wie jedes Tier, nur keine Hunde oder Katzen.

Abigail gibt zu bedenken, dass dies nicht mit dem Fall der Schweine vergleichbar sei, was ich energisch bejahe, auch wenn mir kein Standpunkt mehr gegenwärtig ist, diese Haltung zu rechtfertigen. Schließlich sieht sicher gut ein Viertel der Einwohner der Stadt, in der ich wohne, dies vollkommen anders. Joanna zum Beispiel.

Ach, Eva, es gibt so vieles, was ich dir sagen, so vieles, was ich dich fragen will, bevor ich dir unsere Geburtstagseinladung in die Hand drücke.

20

EVERYDAY

Ob es wohl etwas zu bedeuten hat, dass ich meine Frau genau an dem Tag kennengelernt habe, an dem sich Kurt Cobain mit einer Schrotflinte das Hirn aus der Schädeldecke ballerte? Das ist kein gutes Zeichen, Eva, oder? Dieser Gedanke, meine ich. Die wirklich schlimmen, die wirklich belastenden Träume und Visionen aber sind die, in denen meiner Familie etwas zustößt; in denen meine Kinder und ihre Mutter umkommen, entführt und verschleppt werden. Ich weiß, es ist nicht direkt dein Gebiet, aber handelt es sich bei diesen Geschichten in Wahrheit um Wunschträume? Und falls ja, weshalb erwache ich dann schreiend, mit geballten Fäusten? Schweißgebadet, Eva? Gibt es nicht auch Träume, die beides zugleich sind: Wunsch- und Angstträume? Und was für Väter hätten die? Gibt es für dieses Phänomen einen eigenen Namen? Ich meine, was ist das für ein Geisteszustand, in dem das Schlimmste, was einem Menschen zustoßen kann, das Leben anderer Menschen betrifft? Das ist doch verrückt, findest du nicht? Oder ist das bei Frauen anders, weil ihr ja die Kinder … wie soll ich sagen … aus euch hervorbringt? Eva, sieh nur hin. Da stehen sie. Unsere Kinder. Wir hier. Dort sie. Ein jeder für sich. Radikal getrennt. Andere, Eva. Nichts kann diese Tatsache aus der Welt schaffen, und deshalb habe ich mich schon wiederholt gefragt, ob der Wille zum Kind am Ende nicht die jämmerlichste Form wäre, gegen die grundlegende Tatsache zu rebellieren, in sich selbst gefangen zu sein. Auf ewig, und von Anfang an, Eva. Jedenfalls wirst du sicher aus eigener Erfahrung zugeben, dass es keine effektivere Weise gibt, sich in der Anwesenheit von Menschen, die man aufrichtig liebt, zu Tode zu langweilen, als ein geregeltes Familienleben.

O Eva, wie ich mich langweile! Du machst dir keinen Begriff! Das Schlimmste sind die Wiederholungen. Meine Tage bestehen aus nichts als Wiederholungen. Meine finnische Frau, Eva, sie glaubt an die Langeweile. Sie glaubt daran wie an einen Gott! Kinder langweilen sich nie lange, sagt sie. Kinder lieben Wiederholungen. Und dann erzählt sie mir, wie sie in ihrer Kindheit von ihrer Großmutter jeden Nachmittag vier Stunden auf den Hof geschickt wurde, zum Spielen, Eva, im Winter, keine anderen Kinder weit und breit, nur sie und der Schnee, und dass sie sich trotzdem keine Minute gelangweilt habe …

Aber ich bin kein Kind mehr, Eva! Und ich langweile mich mittlerweile so sehr, dass mir jeder Tag wie eine wundersame Auferstehung meiner selbst vorkommt, weil ich mir sicher bin, am Abend zuvor an Langeweile zugrunde gegangen zu sein! Ich habe deshalb begonnen, mich geistig aufzuspalten, sodass ich mich wenigstens an verschiedenen Orten gleichzeitig langweilen kann, verstehst du? Wenn nur nicht dieselben Gedanken jeden Tag wiederkehrten! Sie kommen jeden Tag wieder ans Bett, geben keine Ruhe, verlangen nach Aufmerksamkeit, wollen gefüttert werden! Was mich aber eigentlich interessieren würde: Glaubst du, diese Gedanken sind ansteckend, übertragen sich auf meine Kinder, so wie Fettleibigkeit, Eva? Glaubst du, meine Gedanken hinterlassen Spuren in deren Bewusstsein? Und warum, Eva, muss ich so oft weinen, ohne erkennbaren Grund, aus heiterem Himmel, *out of the blue*?

Gestern Nachmittag, Eva, brach ich während *Beverly Hills Chihuahua 2* in Tränen aus, konnte es mir selbst kaum erklären. Und zwar an der Stelle der DVD, Eva, als die Titelhündin mit ihrem Bellen einen ganzen Tempel zum Einsturz bringt, da sie, wie es im Film heißt, »ihre Stimme gefunden« hat. Eva, ich habe geweint wie ein Schlosshund. Gegen so etwas muss es doch Medikamente geben! Gibt es zweifellos Medikamente. Kannst du sie mir verschreiben? Nimmt dein Mann sie, Eva?

Aber weißt du, wovor ich mich am meisten fürchte? Ich fürchte mich davor, mein Problem könnte ein ganz und gar gewöhnliches sein. Ein gängiges. Und gerade deshalb fällt es mir so schwer, darüber zu sprechen. Diese Angst ist es, die mir in Wahrheit die Kehle zuschnürt. Die Angst vor dem Gewöhnlichen. Verstehst du?

Das ist dann wirklich krank, oder?

»Hallo, Wolf, wie geht's?«

»Oh, Eva, gut, danke. Und dir?«

»Super, danke. Es ist so schön heute.«

»Das ist es wirklich.«

21

UMWEGE

Zu den drängendsten, von der Ratgeberliteratur auf beiden Seiten des Atlantiks jedoch konsequent ignorierten Problemfaktoren der elterlichen Existenz zählt die Vermeidung von Kontakt zu anderen Eltern auf dem Schulweg. Eine Anforderung, die weitaus heikler ist als die der Kontaktvermeidung auf dem Schulhof, wo es weniger sozial gestimmten Gemütern selbst ohne größeres Geschick verlässlich gelingt, sich in eine Nische zurückzuziehen, um dort das Handy mit extrem sinnlosen Gesprächen zu beheizen, beziehungsweise so zu tun als ob. Auch der taktische Einsatz von Hustenanfällen bleibt ein probates Mittel, sowie natürlich der eigentlich asoziale Akt unserer Zeit, also das konzentrierte Lesen eines anspruchsvollen Buches in einer wenig gesprochenen Fremdsprache (zu Berliner Kita-Zeiten hat ein finnischer Kierkegaard bei mir wahre Wunder gewirkt). Optionen allesamt, die einem Elternteil, der seine Kinder täglich zu Fuß zur Schule bringt, nicht zu Gebot stehen, verlangt diese Situation doch gerade in innerstädtischen Umgebungen ein Höchstmaß an antizipierender Achtsamkeit.

Ein stetes Ändern des Schulwegs zwecks Lösung des Problems ist nicht möglich, denn es gibt der gangbaren Schulwege in der Regel nur einen, der durch ein immer identisches Zeitfenster für alle Betroffenen in gleicher Weise verbindlich ist, da der gängige frühmorgendliche Zeitdruck jeden Gedanken an Umwege oder umfangreiche Verzögerungstaktiken verbietet. Aus infrastrukturellen Gründen ist es in vielen Teilen der westlichen Welt überdies so, dass die auf Grundschulen führenden Gehwege als lange Geraden geschnitten sind, unterbrochen allenfalls von lang geschalteten Ampeln oder aber, wie in unserem Fall in Toronto, durch die Holzbrücke über das Zederntal – ein quasi natürliches Nadelöhr. Disziplinierte Tempotrupps bleiben dank der kerzengeraden Linienführung von Straße und Bürgersteig damit genauso auf mehr als einen Kilometer in Kontur und Gestalt erkennbar wie ungewaschene Langschläfer. Es gibt kein Entkommen.

Auch wenn das Problem an sich weltweit besteht und am jeweiligen Ort für erhebliche Kümmernis sorgt, ist es nirgendwo auf der Welt drängender, schmerzhafter und langwieriger als in Kanada und dort wiederum nirgendwo ausgeprägter als auf unserem Schulweg. Auf diabolische Weise führen im Zederntal rechtliche, ökonomische, klimatische, städtebauliche, politische, pädagogische und religiöse Faktoren auf eine Gemengelage, die in ihrer offenbaren Widrigkeit das Maß des menschlich Ertragbaren notwendig sprengt.

Zunächst zu den rechtlichen Hintergründen: Anders als in Deutschland, wo Kinder ab der ersten Klasse allein zur Schule laufen dürfen (nicht zu reden von Finnland, wo ich mit eigenen Augen Vierjährige selbstbewusst hauptstädtische Straßenbahnen betreten und dort per Handy miteinander scherzen sah), ist es Eltern in Kanada rechtlich untersagt, den Nachwuchs vor Erreichen des zehnten Lebensjahres unbeaufsichtigt auf die Straße zu entlassen. Es besteht, wie auch in Amerika, also von Staats wegen, Mitgehpflicht. In den USA wird diese Pflicht durch Schulbusse, die die Kinder abholen und die wirklich gelb sind, zeitsparend umgangen – rechtlich wird der Bus als mobile Erweiterung des Schulgeländes aufgefasst. Wo dies nicht praktikabel erscheint oder aufgrund von Nussallergien zum Beispiel zu riskant ist, wird auf den Privat-PKW zurückgegriffen. Ein amerikanisches Schulkind, das zu Fuß zur Schule geht – man darf es in dieser Ausschließlichkeit formulieren –, gibt es nicht.

Zwar kennt auch Kanada Schulbusse und fahrfreudige Eltern, aber gerade im innerstädtischen Bereich Torontos ist der PKW die langsamste Form der Fortbewegung, umso mehr, als das naturgeschützte Zederntal unter der Brücke von keiner Straße durchkreuzt wird und nur äußerst umwegig über chronisch verstopfte Zubringer umfahren werden kann. Das nimmt mindestens das Doppelte der Zeit in Anspruch, die man jeden Morgen für den zwei Kilometer langen Fußweg benötigt. Auch das Fahrrad stellt in der Zeit von November bis Mai (Anfang Juni endet das Schuljahr) ob der gerade am frühen Morgen oft lebensgefährlich vereisten oder verschneiten Wege keine Alternative dar. Immer wieder säumen wagemutige Studenten auf ihren zerbeulten Montainbikes den Wegrand. Bedenkt man ferner, dass die Cedarvale-Schule von einer Vorschule für Dreijährige bis zur sechsten Klasse sämtliche Einrichtungen in einem Gebäude beherbergt, bedeutet dies für eine Mutter mit zwei Kindern, die einen Altersunterschied von zwei Jahren aufweisen, eine staatlich verordnete Mitgehpflicht von neun Jahren. Fünfmal die Woche, jeweils zwanzig Minuten hin, zwanzig zurück und zum Abholen noch mal zwanzig Minuten hin und zwanzig zurück. Das macht, konservativ geschätzt, achtzig Minuten pro Tag, also gut zwei Tage pro Monat oder sechsundzwanzig Stunden und damit im Schnitt mehr, als man in dieser Familienphase mit dem eigenen Partner an sogenannter *quality time* verbringt.

Zwar ist es ein verheerendes Vorurteil anzunehmen, Kinder fänden andere Kinder sozusagen von Natur aus sympathisch, doch bleibt richtig, dass sie bis ungefähr zum siebten Lebensjahr zu einer ungezwungeneren, sozial nicht ausreichend selektiven Kontaktaufnahme neigen. Viele von ihnen verspüren ein erhöhtes Mitteilungsbedürfnis, weshalb es auf dem Schulweg nahezu unmöglich bleibt, intensivere Formen der Gemeinschaft und also Rudelbildung wirksam zu verhindern. Selbst ohne ausgesprochen freundschaftliche Bindungen zu unterhalten, winken Grundschüler einander über Hunderte von Metern zu und setzen durch allerlei perfide Tricks wie Tränen, Wutanfälle oder kurze Zwischenspurts eine Vereinigung der Gehgruppen durch, die sich dadurch stark verlangsamen. In den schulischen Kernmonaten ist es deshalb durchaus keine Seltenheit, neben ein paar quirligen und fröhlich schwatzenden Kindern postapokalyptisch anmutende Gruppen von beharrlich schweigenden Erwachsenen, den Oberkörper ob des eisigen Windes tief nach vorn gebeugt, gemeinsam wie an einer Schnur durch den kniehohen Schnee stapfen zu sehen.

Wer dauerhaft allein gehen will, muss dafür ein enorm aggressives Programm fahren, so wie Vater Munk, der den natürlichen Wettbewerbsvorteil zweier älterer Kinder (die Tochter mindestens zehn, der Junge wohl schon zwölf) mit einer gänzlich grußlosen Mischtaktik aus steinernem Blick und extrem zügigem Schritttempo paart. Während des Schulwegs untersagt er sich strikt jedwede Kommunikation, auch mit seinen eigenen Kindern. Das sozial an sich noch anforderungsreichere Problem des zeitgleichen identischen Rückwegs meistert er, indem er nach Ablieferung des Nachwuchses stramm zur nächsten U-Bahn-Haltestelle weiterläuft, dann eine U-Bahn-Station zurückfährt, um von dort aus einen Weg in Kauf zu nehmen, länger als es der eigentliche Rückweg von der Schule gewesen wäre (ja, ich bin ihm einmal gefolgt). Munk tut dies, glaube ich, nicht zuletzt, um ein Beschäftigungsverhältnis in der sogenannten City vorzutäuschen. Selbst Igor wollte nicht darauf schwören, aber vor dem Crash war Munk, seiner spärlichen Kopfbehaarung nach zu schließen, ein sehr später Vater, wohl als Trader für eine Bank tätig.

Fareed, vor mehr als zwei Jahrzehnten über London aus Pakistan eingewandert, ein meist heiterer Kricketfanatiker, der nur wenige Blocks hinter uns in einer überteuerten Mietwohnung haust und nach eigenen Angaben im Restaurant seines Bruders arbeitet, raucht an seinen weniger wohl gestimmten Tagen filterlose Zigaretten und macht sich so freiwillig zum Aussätzigen, was Tochter Aisha – eines der wenigen Kinder, das still sein kann, ohne traurig zu wirken – nicht im Mindesten zu stören scheint. Wir kommen gut miteinander aus, lassen uns auch auf dem Rückweg normalerweise die nötigen Freiräume und sprechen an Tagen, wo eine gegenseitige Vermeidung allzu erzwungen wirkte, die mutmaßlichen Aufenthaltsorte von Osama bin Laden durch.

Komplizierter gestaltet sich der Fall von dem guten Shin Wen, der noch in den *kindergarten* geht, entsprechend ehrgeizig ist und also jeden Morgen alles daransetzt, uns sowie alle anderen Gruppen einzuholen. Wie mir Igor versicherte, wurde Shin Wen als Baby aus einem chinesischen Waisenhaus adoptiert. Seine Adoptiveltern habe ich noch nie auf dem Schulhof gesehen, Conchita, eine allein erziehende Kolumbianerin, kümmert sich um ihn. Mit ihrer neunjährigen Tochter Fernanda wohnt sie nominell bei den Adoptiveltern von Shin Wen, des schulischen Einzugsgebiets wegen.

Conchita hat es mit ihren kurzen Beinen und dreißig Kilo Übergewicht nicht leicht, Shin Wen zu folgen. Stoppen lässt er sich jedenfalls nicht, und auf entschiedene Ermahnungen reagiert der kleine Knopf meist mit einem entschiedenen »Du bist nicht meine Mutter!« Schweigend ziehen wir nach einem *How are you* jeden Morgen deshalb gemeinsam den Schulweg entlang. Es ist schon ein bisschen unangenehm.

Seit zwei Monaten begleitet uns eine junge japanische Mutter mit ihrem kleinen Taito (er ist bei Tuuli in der Klasse) sowie einem vielleicht einjährigen Kind, dessen Geschlecht sich uns bisher noch nicht erschlossen hat. Bislang sprechen sie kein Englisch, nicken aber immer freundlich. Ich mag sie im Prinzip sehr gern. Von der geschiedenen Neuseeländerin, die mit ihren vierjährigen Zwillingstöchtern in der Küche ihres schlossähnlichen Anwesens (geschätzt zwanzig Zimmer plus fünf Bäder) direkt vor der Brücke jeden Morgen wartet, bis wir vorbeigezogen sind, später mehr. Nein, lieber jetzt, es ist ja schnell erzählt – und war nicht meine Schuld.

Kaum einen Monat nach unserer Ankunft in Cedarvale klingelt sie eines Nachmittags an unserer Tür, erklärt, es gebe eigentlichen keinen Grund für ihren Besuch, lässt sich mit ihren Kindern hereinbitten und breitet, kaum dass sie sich gesetzt hat, die Geschichte der bevorstehenden Scheidung von ihrem Mann Ted vor mir aus, einem Buchhalter, von dem sie als an sich feinem Kerl spricht und überdies behauptet, er und ich würden uns gewiss gut verstehen. Sie redet von dem lange schwelenden

Kinderwunsch, den Jahren vergeblicher Versuche, Todds plötzlicher Kündigung, den Problemen mit der Ratenzahlung, dem nahenden Tod ihres Vaters, sie versichert, dass sie glücklich sei, dennoch nicht weiterwisse, während meine Töchter den kaum kontrollierbaren Zwillingen im zweiten Stock aus instinktiv empfundenem Mitleid ihre *puffeli*-Sammlung zeigen. Auch ich bin anfangs um gutes Verhalten bemüht, höre für meine Verhältnisse lange und geduldig zu und beginne schließlich, in die Rolle des Beraters gedrängt, der Neuseeländerin (deren Namen ich aus rechtlichen Gründen verschweige) zu erläutern, dass Zwillingsfamilien mit einer langen Vorgeschichte künstlicher Befruchtungsversuche statistisch die höchste Scheidungswahrscheinlichkeit aufweisen würden, da in Fällen einer derart hartnäckig erstrebten Schwangerschaft in der Regel ein sehr idealisiertes Bild der Mutterschaft vorliege. Dieses könne sich mit der Wirklichkeit als Zwillingsmutter naturgemäß nicht messen, fahre ich fort, und ihr Fall sei deshalb keineswegs außergewöhnlich, gelte vielmehr soziologisch als geradezu klassisch. Es sei also verfehlt, ermuntere ich sie in väterlichem Ton, das offenbare Scheitern ihrer Existenz und Ehe sozusagen persönlich zu nehmen.

Ganz ehrlich, es gibt da einen globalen Code unter Zwillingseltern, selbst in Neuseeland, und der heißt: Sprich mich nicht an! Niemals! Ich hab nämlich schon zwei!

Heute sind die Rollläden wieder unten und werden es wohl bis zum Nachmittag bleiben. Sie tut mir wirklich leid.

22

DAS WUNDER VON CEDARVALE

Wie leicht droht bei der selbstsüchtigen Konzentration auf die eigenen, allzu alltäglichen Problemstellungen und Nöte aus dem Blick zu geraten, dass sich hier, auf der Brücke über den Cedarvale Park, jeden Morgen wieder ein Wunder ereignet – etwas weltgeschichtlich Einmaliges, Neues, ja die Zukunft selbst. Denn jeden Morgen wieder treffen auf dieser Brücke über das Zederntal Menschen aller Rassen, aller Kontinente, verschiedenster Glaubensrichtungen, Überzeugungen, Heimatländer und Visionen aufeinander und bringen das, was ihnen am wertvollsten und teuersten ist, in eine staatliche Erziehungseinrichtung, in der zweihundertdreißig Kinder mit mehr als zwanzig verschiedenen Muttersprachen gemeinsam zu Bürgern gebildet werden. Und in weniger als einer halben Stunde werden diese Kinder aus vollem Halse, wie an jedem Morgen, die kanadische Nationalhymne singen: *O Canada, our home and native land, true patriot love* … Besäße ich ein iPhone, ich würde mit diesem ein Foto machen, auf dem neben singenden Kindern überdies zu erkennen wäre, dass die Hälfte der Grundschüler von ihren Vätern gebracht werden oder aber ihren Kindermädchen. Eva ist heute die einzige Mutter.

Während Evas Tochter Abigail sich zu meinen Kindern in die Brückenbucht gesellt, um nach freudiger Begrüßung gemeinsam die *puffelis* über dem Abgrund tanzen zu lassen, bin ich intensiv damit beschäftigt, mich selbst zu verfluchen. Einfach unverzeihlich, Eva so ganz direkt danach zu fragen, ob Joanna krank sei? Als ob sie, Eva, sich vor mir rechtfertigen müsste, ihre Kinder selbst in die Schule zu bringen. Als ob ich enttäuscht wäre, sie an Stelle von Joanna hier anzutreffen und nun also gemeinsam mit ihr und den Kindern den verbleibenden Kilometer zur Schule zu laufen. Und als ob sie nicht genau wüsste, wie sehr es mich demütigt, dass sie diesen offenbaren, ja genau genommen unverzeihlichen Fauxpas mit einem weiteren Lachen überspielt, gerade so, als ob nichts geschehen wäre, ja, als ob sie von mir ohnehin nichts anderes erwartet hätte!

Joanna, wird mir erklärt, habe am Morgen aufs Amt gemusst, ihres philippinischen Ehemanns wegen, er arbeite derzeit als Ingenieur in Saudi-Arabien, sei allerdings nicht der Vater ihrer Tochter. Die Vierjährige befinde sich noch auf den Philippinen in der Obhut von Joannas Mutter.

»Alles sehr kompliziert«, sagt Eva und macht eine Handbewegung, als wolle sie ein lästiges Fluginsekt vertreiben.

Ich verstehe, sage ich auf Englisch, und also eigentlich »ich sehe«. *I see* (seltsam, als ob die Augen denken könnten). So ist das also, jetzt weiß ich, mit wem Joanna jeden Morgen telefoniert. Mit ihrem Mann in Saudi-Arabien, gleich nach dessen Arbeitsschluss, und mit ihrer Tochter auf den Philippinen, um ihr eine gute Nacht zu wünschen.

Oh, Kanada.

23

UNTER UNS

Eva freut sich wirklich sehr über die Einladung. Sie bedankt sich herzlich, lässt das rosafarbene Kuvert in die rechte Gesäßtasche ihrer eng anliegenden Jeans gleiten und erklärt, heute etwas früher in die Klinik zu müssen, ob Abigail uns nicht einfach bis zur Schule … Aber natürlich. Keine Frage. Gern. EVA hat MIR ihre Tochter anvertraut! Da wird Igor staunen. Und nicht nur er. Die Brücke ist überquert. Tyyne, Tuuli und Abigail bilden einen Kreis, tanzen mit ihren *puffelis* in der Hand den Gehweg entlang und singen ein kanadisches Kinderlied:

»I like me
I'm an ok me to be
Though I'm not like you
That's ok too
Cause I like me.

I like my skin
It's the house I'm living in
It zips up tight
and it fits just right
Yes, I like my skin.«

Die *puffelis* quietschen vor Vergnügen. Bereits wenige Wochen nach Schulbeginn hatten die Erstklässlerinnen das Lied im Musikunterricht gelernt und schließlich als Höhepunkt der Jahresabschlussfeier im Chor aufgeführt. Ich hatte die dicht bestuhlte Turnhalle damals tatsächlich mit der Erwartung an Weihnachtslieder, gar ein Krippenspiel betreten. Doch gibt es in kanadischen Schulen kein Weihnachten. Genauso wenig wie Hanukkah, das chinesische Neujahr, Ramadan, Diwali oder Kwanzaa. Kein religiös oder kulturell gebundenes Fest soll im real existierenden Multikulturalismus Torontos in irgendeiner Weise das Vorrecht beanspruchen dürfen. Deshalb wurden sie alle gemeinsam aus dem Schulkalender gestrichen. Offenbar strebt man hierzulande einen Multikulturalismus ohne bestimmte Kulturen an. Was öffentlich toleriert wird, sind der Jahresabschlussfeier unserer Grundschule nach zu schließen die Nationalhymne, die Beatles (*Yellow Submarine*) – sowie das besagte Lied der Kinder, die sich, ganz unabhängig von ihrer jeweiligen Gestalt oder Rasse pudelwohl in ihrer Haut fühlen und aus diesem kerngesunden Selbstbewusstsein heraus auch ihre jeweilige Unterschiedlichkeit bedingungslos anerkennen und bejahen können.

Wie beglückend, die drei Grazien so unbeschwert im Frühlingswind tanzen zu sehen: »... *I am not like you, that's ok too!*« Ob Berliner Kinder auf dem Weg zur Schule ähnliche Lieder singen?

Ich spüre Zuversicht, ja Lebensfreude. »Ich bin nicht wie du, das ist gut so!«, singe ich, laut genug, dass die Kinder sich umdrehen.

»Daddy, hör auf ...«, beschwert sich Tyyne.

Schon klar. Nichts schlimmer auf der Welt, als sich für den eigenen Vater schämen zu müssen.

Ach, Eva. Wie gern hätte ich dir vom ersten Geburtstag der Mädchen erzählt, von den Hundertschaften, die am 19. April 2004 direkt vor unserem Friedrichshainer Hauseingang eine Straßenschlacht simulierten.

Boris, Jörn und ich stehen mit Bierflaschen auf dem Balkon und verhöhnten die Einsatzkräfte vom vierten Stock aus. Der gesamte Straßenzug ist für die polizeiliche Übung gesperrt. Ein Testlauf für die traditionellen Krawalle am 1. Mai. Direkt unter dem Balkon wird der Abtransport eines Verletzen geprobt: »Hubschraubereinsatz, Hubschraubereinsatz«, grölen wir im Chor und: »Schauspieler, Schauspieler!« Genau so, wie wir es in den Bundesligastadien unserer Jugend getan hatten, wann immer sich ein Spieler der gegnerischen Mannschaft auf dem Rasen krümmte und die Rotkreuzkräfte mit ihren Tragen heraneilten.

Im Karlsruher Wildparkstadion, erzähle ich den Jungs, stürmte stets ein übergewichtiger Sanitäter mit eng geschnittenem Oberlippenbart als Erster aufs Feld, um den sich windenden Spieler mit einer grauen Felddecke zu wärmen. Kurz vor Anpfiff drehte er mit einem deutschen Schäferhund an der Leine eine Stadionrunde und winkte fröhlich in die Ränge. »Aaaaadolf!, Aaaaaaadolf!«, schallte es dann aus der Fankurve zurück! »Das ist der Adolf«, hatte mir mein Vater gleich bei meinem ersten Stadionbesuch erklärt. Ich glaube, das war um meinen siebenten Geburtstag. Wir winkten dem lustigen Männlein noch für viele Jahre zu und grölten gemeinsam seinen Namen.

»Echt wahr?«, will Boris wissen.

»Echt wahr.«

»Schon Wahnsinn, was da damals noch abging.«

Jörn nimmt einen kräftigen Schluck. Wir lugen gemeinsam auf den Krankenwagen herunter, und ich erzähle, wie die Schwestern der Charité, exakt um diese Zeit vor einem Jahr, also um zehn Uhr abends, einander im Kreißsaal mehrfach zugenickt und uns versichert hatten, dass sie die beiden schon noch vor Mitternacht rausbekommen würden.

»Wisst ihr, damals habe ich wirklich nicht begriffen, weshalb sie es auf einmal so eilig hatten. Aber 19.4. klingt schon wesentlich besser, oder?«

»Klar«, sagt Boris.

»Auf jeden Fall.« Jörn nickt.

Und dann, zwei Jahre später, der dritte Geburtstag in Turku, Finnland. Auf dem großen Spielplatz bei der

Bahnhofsstation, beziehungsweise dem, was sich unter der vierzig Zentimeter dicken Eisdecke von ihm erahnen ließ. In mintgrünen Overalls stapfen die Kinder durch den Schnee. Meine Frau leuchtet mit der Taschenlampe hinterher. *Varokaa tytöt, liukasta!*, ruft sie. Vorsicht, Mädchen, es ist glatt. Einmal am Tag müssen sie raus. Jeden Tag.

Eisiger Wind schneidet uns ins Gesicht. Ich schließe die Augen und lasse den Schmerz wirken. Das bin ich. Hier. Ein Schneefeld im dunklen Grau des April. Wirklichkeit ist das, was nicht weggeht.

»Ob Toivo noch kommt?«

»Was?«

»Ich frage mich, ob Toivo noch kommt.«

»Nee, die kommt bestimmt nicht mehr.«

»War Toivo nicht der Mann?«

»Ja, das Lehrer.«

Toivo mit dem Hallenschlüssel. Mehr als eine halbe Stunde warten wir im Auto, bei vollem Gebläse und beschlagenen Scheiben, bis das Gequengel von der Rückbank uns zum Ausstieg bewegt.

»*Liian kuuma!*« Zu heiß! Zu heiß!

Wäre alles nach Plan gelaufen, würden die Kinder jetzt in Strumpfhosen und T-Shirt mit ihren Spielkameraden aus der Tagesstätte auf Elefantenmatten tollen, weiche Schaumstoffbälle in der ihnen gemäßen, vollends unstrukturierten Art durch die Halle werfen und kicken, sich verlässlich über Nichtigkeiten streiten, um schließlich Trost in den Schößen ihrer Mütter zu suchen.

Die lägen völlig entkräftet auf den Matten und würden schweigend gegen die Neonröhren der Hallendecke starren. *Hyppimään ja pomppimaan* sollte das Motto der Geburtstagsfeier lauten. Hüpfen und Springen!

Es ist ursprünglich Toivos Idee gewesen. Er ist Sportlehrer an der Grundschule. Alle anderen scheint seine Absage erreicht zu haben. Vermutlich ist mein deutscher Account schuld. E-Mail-Adressen, die mit »Toivo« beginnen, sortiert der Filter sofort als Spam aus. Und meine Frau liest prinzipiell keine Mails, weil sie vorgibt, nicht zu begreifen, wozu »dieses Mist« gut sein soll. Sie muss forschen, sagt sie, und hat »keine Zeit für dieser Klimbim«. Schade. Dabei hatten wir extra Teelichte mitgebracht und selbst gebackenen Kuchen.

Unter dem matten Orange finnischer Straßenlaternen zittern vier Pinguine im Nichts. Wäre alles nach Plan gegangen, stünden wir jetzt nicht hier. Noch nicht einmal zehn Uhr. Meine finnische Frau legt ihre Overallarme um mich.

»Ist sehr schlimm, mein Mann?«

»Ja, sehr schlimm.«

»Tut es mir leid.«

»Mir auch.«

Das ist der Ort, an den ich nie wieder zurückmöchte. Und doch, Eva, standen an diesem Aprilmorgen des Jahres 2006 zwei erwachsene Menschen im Eiswind, die einander keine Vorwürfe machten, sondern ausharrten und sogar bereit waren, einander zu verzeihen, weil sie begriffen, dass es keinen Schuldigen gab. Jede Familie braucht so einen Ort, oder was meinst du?

Letztes Jahr, in Bloomington, zum fünften Geburtstag, fängt es an, sich zu bessern. Bright Eyes und Dino sind das erste Mal ohne Stützräder zum Spielplatz gefahren. Während sie in der flimmernden Aprilhitze auf dem verwaisten Basketballplatz einsame Runden drehen, creme ich mir Gesicht und Unterarme mit Sonnenmilch ein – Lichtschutzfaktor 50. Man muss die Kraft dieser Sonne selbst im Nacken gespürt haben, um zu verstehen, weshalb die Einwohner dieses Bundesstaates *Red Necks* genannt werden. Oder spielt der Spitzname anstatt auf sonnengegerbte Arbeitergenicke in Wahrheit auf die nahezu vollständige Ausrottung der Indianer durch den weißen Mann in Indiana an – per Genickschuss, meistenteils? Anstatt einzuziehen, bleibt die grobe Paste wie Kriegsbemalung auf der Haut haften. Ein amerikanisches Produkt.

Halb drei, die Baseballkäfige verwaist, der Spielplatz fast menschenleer. Es sind die Stunden der Einsamen und Verzweifelten. Aber die Kinder sind so aufgeregt, und meine Frau will uns während der Geburtstagspartyvorbereitungen nicht im Haus haben. Sogar eine Piñata haben wir für das Fest besorgt. Piñatas sind mit Süßigkeiten und allerlei Krimskrams gefüllte Pappmascheepuppen, auf die das Geburtstagskind so lange mit zugebundenen Augen eindreschen muss, bis sie aufplatzen und ihr Inneres freigeben. Eine mexikanische Sitte, die seit einigen Jahren zum Standardprogramm nordamerikanischer Kindergeburtstage gehört.

Unsere Piñata ist ein Mann, der einen Blaumann anhat und einen kräftigen schwarzen Schnurrbart trägt – glasklar ein handwerkelnder Migrant.

Bei seinem Springburggeburtstag, draußen in der Shopping Mall Richtung Cincinnati, zielte Daniel mit dem Holzstock zuerst ausschließlich auf seinen Vater. Erst als man dem Geburtstagskind die Augen verbunden hatte, drosch es auf die Piñata ein und entzweite sie mit einem festen Hieb. Die Süßigkeiten stoben in alle Richtungen. Doch Daniel drosch immer weiter, gerade so, als ob es darum gegangen wäre, dem internationalen Proletariat zu Ende der Bush-Ära den letzten Rest an Würde aus dem Leib zu prügeln.

Wer weiß andererseits, zu welchen Deutungen das deutsche Reihenhausritual Topfschlagen aus Sicht eines amerikanischen Einwanderers anregen mag: Unter quasi-faschistischen Anfeuerungen begibt sich das Kind auf die Suche nach dem heiligen Gral der eigenen Exkremente – und isst diese dann bei Erfolg auf. Typisch deutsch!

Ein kurzes Kontrollstöbern gegen die Angst. Alles dabei: Notbanane, geviertelte Salamitoastbrote in wiederverschließbaren Sandwichdosen, eine rote Flasche mit gefiltertem Leitungswasser sowie vier Trinktüten finnischen Apfelsaftes, die aufgrund ihres an der Seite angeklebten Trinkröhrchens *pillimehu* genannt werden: *pilli* für Röhrchen, *mehu* für Saft. Das Finnische macht da nicht lang rum, sagt, wie es ist. Meine finnische Frau traut amerikanischen Saftproduzenten nicht. Deshalb lassen wir *pillimehu* aus Europa von den Großeltern einfliegen. Das war auch schon in Deutschland so. Die Kinder trinken bei Ausflügen nichts anderes.

Beim Blick auf den verwaisten Baseballkäfig überlege ich, wie viele Euros und Dollars extra ich in den letzten Jahren für *pillimehu* ausgegeben haben mag. Extra, im Vergleich zum Erwerb einer angenommen identischen, in Literflaschen oder Kanistern erworbenen Gesamtmenge verdünnten Apfelsaftkonzentrats, das in Trinkflaschen gefüllt samt eigenständig erworbenen Trinkröhrchen den Durst meiner Kinder gewiss ebenso effektiv gestillt hätte. Wenn ich die Differenzsumme jetzt auf dem Konto wüsste, zuzüglich zu der Differenzsumme, die sich aus meinem eigenen, gut zehn Jahre währenden Capri-Sonnen-Konsum der Kindheit ergibt sowie dem fortdauernden *pillimehu*-Konsum meiner Gattin, dann hätten wir die dreißig Prozent zur Anzahlung des Hauses der Templetons im Maplewood Drive. Null problemo.

Aber so?

Schade, dass die Wolters heute nicht zu unserer Party kommen können. Die Kinder sprechen kein Deutsch mehr. Aber der Vater. Mit sechzehn Jahren ist er rübergekommen und in Washington auf die deutsche Schule gegangen, in die gleiche Klasse wie einer der Söhne von Dieter Kronzucker, wie er mir gleich bei unserem ersten Treffen hier auf dem Spielplatz erzählte. Seit einer Woche steht ihr Haus leer. Der Umzugswagen muss in der Nacht gekommen sein. Keiner weiß, wo sie hin sind. Vor nicht einmal zwei Jahren war Armin als Entwicklungsleiter hierhergezogen, kaufte gleich ein Haus, bekam das alte in Michigan aber nicht los. Die klassische Zwei-Häuser-Falle. Wolters neue Firma war spezialisiert auf Stereoanlagen für SUV-Autos. Im Februar musste sie Konkurs anmelden. Es heißt, sie seien zur Schwiegermutter nach Kalifornien gezogen.

Mehr als die Hälfte aller Amerikaner, stand in der Zeitung, haben Angst davor, von Außerirdischen entführt zu werden. Weltweit der klare Spitzenwert. Genau genommen fürchtet sich außer Amerikanern kein Volk auf Erden in nennenswerter Weise vor Alien-Entführungen. In Finnland ist das Phänomen vollkommen unbekannt, auch in Deutschland ist es kein Thema. Aber allein in Indiana werden jede Woche Dutzende Menschen von Außerirdischen entführt. Nachts, wenn alle anderen schlafen. Einfach weggesogen werden die, von einer großen, fremden Macht, zu unklaren Zwecken, um dann am nächsten Morgen irgendwo in der Weite des Landes wieder ausgespuckt zu werden, mit einer neuen Identität, ohne nennenswerte Erinnerungen an das vorherige Leben. Armin Wolters – *alien abducion*. Den sehen wir nie wieder.

»Paps?«

»Was gibt's?«

»Hast du auch einen Snackeri dabei?«

»Einen was?«

»Na, einen Snackeri!«

»Du meinst, eine Vesper.«

»Ja, Färsbär.«

»Nimm die Banane, die ist gesund.«

Wirklich gesund. Anders als die Nahrungsmittel, die gemäß der hiesigen Kindergartenleitung von jedem Elternhaushalt einmal im Monat als *healthy snack* zur Mittagspause verteilt werden müssen. Ernährungsbewusste Eltern sollen für die Gruppe ihres Kindes zwischen Crackern, Muffins, Nachos und Cheese Sticks auswählen. Meine Frau war so aufgebracht, als sie das Informationsblatt erhielt, dass sie es einer befreundeten Kinderärztin in Helsinki faxte. Mittlerweile soll das Dokument in finnische Regierungskreise vorgedrungen sein.

Keine zehn Meter entfernt kniet eine junge, kaum übergewichtige weiße Mutter im Sandkasten. Da ich meine Brille nicht dabeihabe, kann ich nicht zweifelsfrei erkennen, welches Motiv die Tätowierung oberhalb ihrer Gesäßfalte zeigt (ein auf den Kopf gestelltes Kreuz?). Die Mutter tröstet ihren vielleicht dreijährigen Sohn, der zuvor mit beachtlichem Einsatz ein tiefes Loch in den Sandkasten gebuddelt hatte. »Böse Schaufel, böse Schaufel!«, ruft sie und schlägt die Plastikschaufel vor den Augen des weinenden Sohnes. Der weinende Sohn tut es der Mutter nach. Er schimpft und pfeffert die Schaufel wütend in die Ecke. Im Eifer des Buddelns hatte er sich Sand in die Augen geschaufelt und seinem wiederholten Würgen und Spucken nach zu schließen wohl auch verschluckt.

Eine typisch amerikanische Reaktion. Geht etwas

schief, ist eine feindliche, von fremden Mächten beherrschte Außenwelt schuld, nicht aber das eigene Selbst, vor allem nicht dessen übersteigerte Hoffnungen und Ziele. Schließlich scheint es jedes einzelne Mitglied dieser Kultur als seine ganz persönliche Mission zu begreifen, die Wirklichkeit der Dinge den eigenen Wünschen möglichst vollkommen anzupassen. Dass dies bei ausreichendem Willenseinsatz möglich sein muss, bildet die stillschweigende Voraussetzung allen Handelns. Widerstände sind demgemäß dazu da, überwunden zu werden, keineswegs aber dazu, die eigenen Erwartungen zu hinterfragen. Ab einer gewissen Bohrtiefe musste der Kleine, um noch weiter in die Tiefe vorzudringen, mit dem Gesicht in das Loch hinein, womit das eingetretene Malheur bei hastiger Ausführung praktisch unvermeidlich war. Dennoch wird dem Jungen nun von der Mutter nahegelegt, nicht er, sondern die Schaufel sei schuld. Das ist fast schon eine Allegorie auf die wahren Gründe der Irak- oder Afghanistankriege. Böse, böse Schaufel! Dir werd ich es zeigen! An meinem Buddeltrieb hat es jedenfalls nicht gelegen. Und nur damit das klar ist: Ich werde auch in Zukunft kräftig weiterbuddeln. Nächstes Mal komme ich sogar mit einer noch größeren Schaufel!

Leicht vorstellbar andererseits, dass ich eine absolut identische Spielplatzszene in Finnland vollkommen anders interpretiert hätte. Gewiss hätte ich die Schaufelbeschimpfung der neckisch tätowierten Jungakademikerin mit einer grundsympathischen Vorliebe für ostlappischen Death Metal für von tiefen entwicklungspsychologischen

Erkenntnissen geleitet befunden. Tatsächlich ist es nämlich so, dass dreijährige Kinder Ursache- und Wirkungsverhältnis gerade in Bezug auf ihr eigenes Handeln noch nicht differenziert wahrnehmen können. In der Welt eines gemeinen Dreijährigen ist tatsächlich die Schaufel schuld. Jemand anderes kommt kognitiv überhaupt nicht infrage, weshalb es geradezu ein pädagogisches Verbrechen darstellt, einen Knirps in dem Alter für seine vermeidbare Dummheit ausgiebig zu schelten.

Mehr als zwei Jahren habe ich fast täglich finnische Spielplätze besucht, dabei allerdings niemals eine finnische Mutter beobachtet, die bei diesem gängigsten aller Sandkastenmalheure die Schaufel verantwortlich gemacht hätte. Hin und wieder werden die Kinder durch liebevolle Zusprache und sanfte Gesten der Existenzbejahung getröstet. Überwiegend wird dem Kreischen und Keifen aber mit demonstrativem nordischem Desinteresse begegnet. Gestenfrei werden die Kleinen mit einem Taschentuch gesäubert und unmittelbar zurück in die Grube geschickt. Ein Bewältigungsmuster, ich will es nur kurz erwähnen, das in seiner nahezu animalischen Gleichgültigkeit bei amerikanischen Müttern nur ungläubig schockiertes Staunen auslöst und kaum zur Integration der jeweiligen Mutter beiträgt.

Mittlerweile schickt mich meine Frau meist allein mit den Mäusen los.

»Was hat denn der Junge, Paps?«

»Er hat sich Sand in die Augen gestreut.«

»Mit der *shovel*?«

»Ja, mit seiner Schaufel.«

»Ach so.«

Tuuli starrt regungslos Richtung Sandkasten. Immer wieder ein Schauspiel, dieser heilige Zorn. Spontanes kindliches Mitgefühl mischt sich mit der Urgewissheit, es sei im Zweifelsfall doch besser, andere leiden zu sehen, als selbst zu leiden, sowie dem warmen, per kräftigen Saugbewegungen in den Magen fließenden *pillimehu*.

»Möchtest du dem Jungen was abgeben?«

»Nein, Paps, lieber nicht.«

»Verstehe.«

Auf dem Basketballplatz dreht Tyyne mit ihrem Fahrrad immer engere Kreise, als wolle sie in einem imaginären Mahlstrom versinken. Wie aus dem Nichts eine eiskalte Böe. Noch eine, sie weht Tuuli den *pillimehu* aus der Hand. Und noch eine.

Wir schaffen es gerade noch heil nach Hause und verbringen den ganzen Nachmittag, wie von Saul einst erklärt, ganz nah am Kamin. Eingehüllt in Decken lauschen wir dem Tornado. Die Kinder schluchzen lange und tief. Wie im Krieg ist das.

Eva, du hättest sehen sollen, wie sie dann nach dem Abendessen, als alles vorbei war, ihre Piñata verdroschen. Dabei konnte die doch am wenigsten dafür, dass die Party ausgefallen war.

24

SCHAM

Noch immer singen die Kinder mit den *puffelis* in der Hand und stürmen die kurze Steigung zum Cedarvale Park hinauf. Zur Nordseite ist der auf private Initiative der Anwohner sanierte Spielplatz (weshalb er Park genannt wird, bleibt schleierhaft) durch einen mächtigen begrünten Erdwall vom eigentlichen Schulgelände getrennt. Feine Gravuren auf Quarzsteinen nahe den Kunststoffsitzbänken zeugen von den Motiven der Spender. *HAVE FUN KIDS – LEELA AND JAKE SCHALK* steht zu lesen oder *FOR JONAH, ELIAH AND SARAH. LOVE, GRANDPA WILLI* oder, ein wenig prosaischer: *CISCOWIZ AND PARTNERS – YOUR LAWYERS SINCE 1947.*

Das sei hier eine sehr »organisch gewachsene Gemeinschaft« (*community*) mit einem großen Zusammengehörigkeitsgefühl, hatte mir Mr. Conrad, der Direktor der Schule – der dritte binnen sechs Jahren – beim ersten Gespräch spitz lächelnd erklärt. Noch immer bin ich mir nicht sicher, begriffen zu haben, was er mir damit eigentlich sagen wollte. Gemeinschaft ist ja in Deutschland – ganz im Gegensatz zu Kanada – ein eher problematischer Begriff, der immer gleich nach Volksgemeinschaft klingt, und dann auch noch »organisch gewachsen«. Schwierig.

Auf jeden Fall faszinierend, wie Kanadier es schaffen, ihrer Traumvision von einem gänzlich konfliktfreien Zusammenleben verschiedenster Kulturen (beziehungsweise *communities*) selbst auf Kinderspielplätzen Ausdruck zu verleihen. So erinnert der in tiefen Blautönen gehaltene Hauptturm des dreigliedrigen Rutschensembles in seiner futuristischen Blasenform eindeutig an den volksnahen Avantgardismus französischer Tankstellen aus den frühen Achtzigerjahren. Von dort aus ist es nur ein Katzensprung zu den vier großen, an massiven Holzstämmen aufgehängten Kettenschaukeln – ohne Zweifel ein Zugeständnis an die frühen Generationen skandinavischer Einwanderer. Wie auch der nicht eindeutig markierte Übergang von Kleinkind- zu Schulkindgeräten klar an das alte Europa erinnert und allein schon aus versicherungsrechtlichen Gründen in den Vereinigten Staaten so nicht vorstellbar wäre. Die landschaftsorientierte Ausrichtung der Bänke schließlich, keine von ihnen weist zur Straße hin, muss in ihrer angestrebten Würdigung des Sitzblicks uneingeschränkt als britisch bezeichnet werden, zumal die drei Recyclingtonnen des Spielplatzes weit entfernt an Ein- und Ausgang platziert wurden. Auf deutschen Spielplätzen macht die unselige Neigung, direkt neben jeder Sitzbank einen Stahldrahtmülleimer zu platzieren, wegen der stets dort umherschwirrenden Wespen sowie des stechenden Geruchs ein entspanntes Verweilen gerade an langen Sommerabenden praktisch unmöglich. Rastlos müssen Eltern mit ihren Magazinen und Mobiltelefonen deshalb um die Sandkästen kreisen, was insbesondere bei Vätern immer ein bisschen unheimlich wirkt. Und wenn mich nicht alles täuscht, ist auf kanadischen Spielplätzen sogar die Sitzbreite exakt so bemessen, dass zwei philippinische Kindermädchen (der offizielle Term lautet *care-givers*) darauf problemlos Platz finden, wohingegen es meine Frau und mich, wollen wir gemeinsam sitzen, doch immer etwas drückt und zwickt.

Als Spielplatz der neuen und damit nordamerikanischen Welt aber erweist sich die Anlage aufgrund seines extrem schwingungsfreudigen Tartanbelags, der jede noch so unglückliche Landung sanft abzufedern verspricht. Es ist nämlich so, dass amerikanische Kinder im internationalen Vergleich am weichsten auf die Nase fallen. In Deutschland regiert in Sachen Kinderspielplatzbodenbelag die ökosophisch korrekte Mulchvariante, in Finnland aber grober Schotter oder kalter Asphalt. Nur dass wir uns da nichts vormachen.

Mit diesen und anderen Gedanken im Geist beginne ich, den Tartanbelag durch wiederholtes Hüpfen auf einer Stelle in Schwingung zu bringen, was meine Tochter Tuuli, offenbar glaubt sie, ich hätte gute Laune, zu der Frage anregt:

»Paps, dürfen wir noch kurz rutschen?«

»Nein, wir sind doch spät dran.«

»Der anderen sind aber noch später!«, zeigt sie auf die Nachhut – Fareed, Conchita und sogar Munk.

»Also gut, aber nur ein Mal. Und passt auf, dass ihr euch die Hosen nicht nass macht. Sonst bekommt ihr eine *pimpsa*-Erkältung.«[10]

»Und nach dem Schule, spielst du dann Monster mit uns?«, fragt Tyyne.

»Mal sehen, wenn genug Platz ist.«

»Du hast nie dem Monster mit uns gespielt, hier«, protestiert Tuuli und stampft auf den Tartanboden.

»Es war eben immer zu voll.«

»What is monster?«, will Abigail wissen.

»A German game«, antworte ich.

Besser kann ich es einfach nicht erklären. Genauso wenig wie ich meinen Kindern erklären kann, weshalb es sich mit dem Monsterspielen hier bisher noch nicht ergeben hat. Ruhig und unberührt liegt der Spielplatz in der Morgensonne. Ein prüfender Blick auf die Armbanduhr, dann drehe ich mich kurz um, werfe die Rucksäcke auf eine der Bänke und stürme wie von allen guten Geistern verlassen auf die Kinder zu.

»Uuuuuua, uuuuuua, jetzt hole ich euch, und dann schnappe ich euch, und dann fresse ich euch«, brülle ich auf Deutsch.

---

10 Ich gestehe offen, dass weder meine Frau noch ich uns je näher überlegt haben, was eine *pimpsa*-Erkältung (*pimpsa* ist finnisch für Vagina) als konkretes Krankheitsbild bedeuten mag, darf aber versichern, dass allein die Nennung dieses Begriffes zu den effektivsten Erziehungsmethoden im Umgang mit heranwachsenden Mädchen gehört.

»*Run, Abigial, run*!«, warnt Tuuli.

Die Kinder flüchten in alle Richtungen. Oben auf der Brücke sammeln sie sich erneut, jede wählt eine Rutsche, wartet taktisch, bis ich den Turm heraufgeklettert komme. Ich zwänge mich durch die Tunnelrutsche hinter Tyyne her, der Hubbel am Ende bereitet wie erwartet besondere Schwierigkeiten. Ich verliere entscheidende Sekunden. Noch immer ist das Monster ohne Beute und brüllt dafür umso lauter. Fareed und Aisha betrachten vom Rand aus das Spektakel. Ich winke kurz. Für drei, vier Spurts reicht die Puste gewöhnlich, heute aber, mit der frischen Kraft der Frühlingssonne, spurtet das Monster in einer ihm selbst kaum begreiflichen Dynamik und Vitalität den Kindern hinterher, ja erwägt sogar für einen Moment, sich der Beute in einem an das Tennisidol seiner Jugend erinnernden Hechtsprung entgegenzuwerfen. Ich lasse es, kriege Tuuli dennoch an der Kapuzenspitze zu fassen und zerre das um Gnade winselnde Opfer nun in das Verlies unter den Turm, um es dort rituell durchzukitzeln und schließlich aufzufressen. Nur ihre Kameradinnen können die Todgeweihte jetzt noch aus den Klauen des Monsters befreien. Uuuuuuaaaaaah!

Abigail krümmt sich vor dem Rutschenausgang 2 am Boden, ruft auf Hebräisch nach ihrer Mutter. Als ich ihr aufhelfen will, schluchzt sie noch lauter. Sie gibt vor, keines der beiden Beine belasten zu können, und sackt jämmerlich weinend zusammen.

»*We were just playing monster*«, erklärt Tuuli der starrenden Elterntraube.

Alle Augen sind auf mich gerichtet. Der Belag, denke ich, der verdammte Belag.

Ich habe als Vater schon ganz andere Situationen überstanden. Mein letzter Platz bei der Wahl zum Elternbeirat der Kindertagesstätte Hexenkleckshausen in Berlin-Friedrichshain beispielsweise. Offensichtlich ironisch hatte ich mich der Mütterrunde in einer kurzen Wahlrede als »Quotenkandidat« vorgestellt, der aufgrund seiner Erfahrung mit finnischer Frühpädagogik »neue, relevante Perspektiven« einzubringen vermag. Ganz konkret betreffe das Fragen wie die der Kita-Neubenennung. In Finnland, gab ich an, trügen die Tagesstätten nämlich in der Regel Namen, die eher an Atomkraftwerke erinnerten – Päiväkoti I (Tagesheim I), Päiväikoti II (Tagesheim II), Päiväkoti III (Tagesheim III), woraus sich folgende Erkenntnis ableiten lasse: Je fragwürdiger das Betreuungsangebot, desto ausgefallener der Name der Einrichtung. Es gelte folglich, die anhaltende Diskussion um die Namensänderung als ein taktisches Manöver des Trägers zu durchschauen, um von den eigentlichen Problemen der Kita abzulenken. Ein Verfahren, wie ich schloss, das finnischen Jägern seit Jahrtausenden unter dem Begriff der »Ablenkungsfütterung« bekannt sei.[11]

Oder damals am Flughafen Frankfurt-Hahn, als meine Frau eine hessische Seniorin für die gesamte Wartehalle

[11] Gleich nach der Wahl des neuen Beirates wurde die Einrichtung, der Frühstückseingebung eines Dreijährigen folgend, auf den Namen »Ein Hummer aus Toronto« umbenannt.

hörbar als »penetrantes deutsches Oma« beschimpfte, nur weil diese es gewagt hatte, mich zu fragen, ob das Kind, das seit mehr als einer halben Stunde auf meinem Schoß schrie, möglicherweise Hunger haben könnte. Dass meine finnische Frau als unmittelbare Folge des Eklats ein Gläschen Apfel-Karottenbrei aus dem Rucksack kramte, trug dabei nicht zur Entspannung des Gesamtklimas bei.

Diese ständige Angst, als Vater etwas falsch zu machen. Einfach lächerlich.

Den Spitzenplatz auf der Rangliste meiner elterlichen Erniedrigungserlebnisse aber nimmt zweifelsfrei ein Ereignis im Freibad zu Bloomington, Indiana, ein. Aus purer Menschenliebe und väterlichem Verantwortungsbewusstsein geleitete ich einen strauchelnden und allgemein recht verloren wirkenden Dreijährigen an der Hand aus dem Planschbecken, nur um am Ende der flachen Stufen ein bedrohlich geschlossenes Rudel Mütter vorzufinden, die mir den *toddler* (so heißen Dreijährige in den USA) unter vernichtenden Blicken aus der Hand rissen.

Niemand hatte mich, der sich über lange Freibadwochen mit dem Gedanken quälte, mein schwarz angelaufener Fußnagel sei die wahre Quelle der erfahrenen Ausgrenzung, von dem eindeutigen Symbolwert europäisch kurz geschnittener Badehosen informiert. Sie gelten in den USA als Kleidungscode der Homosexuellen.

Ich stand damals nah an der Gewaltanwendung, wie auch jetzt, da die hinzugeeilte Tamara Campell sich in die betroffene Elterntraube drängt und mit schriller Stimme fragt, ob sie einen Krankenwagen rufe solle. Eilig nestelt sie ihr BlackBerry aus der Handtasche, macht ein Foto der sich am Boden windenden Abigail und sendet es Eva auf das Smartphone.

»Geht's dir gut, Süße? Was ist passiert?«, fragt sie dann. »Deine Mummy kommt gleich.«

Der österreichische Psychotherapeut und Suizidexperte Viktor Frankl hat während seiner Zeit als KZ-Häftling eine bis heute einflussreiche Technik der sogenannten »mentalen Distanzierung« entwickelt. Im Kern besteht das Verfahren darin, in Situationen größter Scham und Erniedrigung das eigene Bewusstsein gezielt mit positiven Erinnerungen und Vorstellungen zu fluten. So imaginierte Frankl während der Lagerarbeiten beispielsweise, vor vollem Auditorium eine fesselnde wissenschaftliche Vorlesung zu halten. Nur aufgrund dieser Technik, behauptet Frankl, habe er die körperlichen wie geistigen Traumata der Internierung zu überleben verstanden.

Ich persönlich habe in den Jahren meiner Zwillingselternschaft ein geradezu gegenteiliges Verfahren entwickelt. Aufbauend auf Erkenntnissen der Glücksforschung, nach denen die eigene Zufriedenheit sich maßgeblich daran bemisst, wie gut oder schlecht es einem selbst im Vergleich zu anderen ergeht, erinnere ich mich in kritischen Situationen ganz bewusst an Geschichten von Menschen, denen weitaus Übleres widerfährt oder widerfuhr – wobei es sich bei diesen Vergleichspersonen nicht selten um Versionen meines eigenen Selbst handelt.

Entdeckt habe ich diese Technik übrigens in Finnland, in einer späten Januarwoche des Jahres 2005. Meine Frau sowie beide Töchter lagen mit einer schweren Darmgrippe danieder. In den kurzen Wasch- und Wäschewechselpausen begann ich mit der Lektüre eines fast tausendseitigen Sachbuches über den Alltag im sowjetischen Gulag-System. Bis heute denke ich, diese Tage waren mit die glücklichsten der vergangenen Jahre. Meine Begeisterung für das Werk war so groß, dass ich sogar Toivo davon erzählte und ihm das auf Englisch verfasste Buch gar zum sonntäglichen *hyppimään ja pomppimaan* mitbrachte. Recht verstanden erinnere das frühe Elterndasein, insbesondere im finnischen Winter, doch sehr an einen Zustand der Internierung, argumentierte ich. Denn genau wie einst im Gulag werde man regelmäßig um vier Uhr morgens geweckt und dann ganztägig zu niedrigsten Arbeiten verdammt.

»*Maybe*«, hatte Grundschullehrer Toivo da geantwortet und den Basketball gemächlich zurückgepasst.

Wir haben nie wieder darüber, noch je wieder miteinander gesprochen.

Kaum hat Abigail ihre herangeeilte Mutter erspäht, intensiviert sie ihr fast schon erstorbenes Wimmern noch einmal beträchtlich und krabbelt Eva auf allen vieren entgegen. Jämmerliche Simulantin. Wie ganz und gar verdorben die menschliche Art doch ist. Für ein bisschen Aufmerksamkeit tun die meisten von uns fast alles. Es gibt ganze Kulturen, die auf dieser Eigenheit aufgebaut sind.

25

SO VIEL SPASS

Normalerweise würde ich jetzt, genau wie alle anderen Besucher des Basketballspiels, von meinem Sitzplatz aufspringen und durch allerlei Faxen, Zeichen und Zurufe versuchen, die durch die Ränge hetzenden Hilfskräfte der örtlichen Fast-Food-Kette davon zu überzeugen, mir und nur mir eine kostenlose Familienpizza in die Hand zu drücken (Hey, amigo! Hierher, amigo! Wir sind auch Immigranten – mit zwei hungrigen Kindern!). Stattdessen stehe ich während dieser letzten Werbepause vor der Halbzeit direkt am Spielfeldrand und gebe zum wiederholten Mal die Frage weiter, ob wir *guys* auch Spaß hätten.

»Alles in Ordnung, Mäuse?«

Keine Antwort, denn meine Töchter sind im Moment viel zu angespannt, um ihrer Gefühlssituation detailliert Ausdruck zu verleihen. Schließlich beginnt in wenigen Minuten das lang angekündigte Spaßspiel, bei dem laut Organisatorin Shauna viel Spaß und vor allem tolle

Preise winken. Shauna (sprich: *Schona*), die über ein Headset direkt mit dem Manager unter dem Hallendach der riesigen universitären Basketballarena verbunden ist, zählt die Anzahl der Minuten noch einmal einzeln ab und zwinkert den Zwillingen bei jedem verschwindenden Finger bedeutungsvoll zu.

»Ihr werdet das bestimmt hinbekommen! Meine Güte, wie süß ihr seid!«

Direkt beim Einlass war uns aufgelauert worden. Begleitet von einer Cheerleaderin, die zu meinem großen Erstaunen kaum größer als meine Töchter war, hatte Shauna sich nach Durchschreiten des Drehkreuzes vor uns hingekniet, den Kindern eine riesige Tüte Popcorn überreicht, sie feierlich zu den offiziellen *IU CREDIT UNION Honorary Captains*[12] des Spieltages erklärt und schließlich meiner Frau und mir per Handschlag herzlich gratuliert.

Meine Frau, die es sich seit einer Marokkoreise vor fünfzehn Jahren zur Regel gemacht hat, kategorisch zurückzuweisen, was ihr ungefragt in die Hand gedrückt wird (eine auch in den USA unbedingt zu empfehlende Regel), erkundigt sich freundlich, ob die Aktion in Verbindung mit dem Zeitungsabonnement stehe, das sie vor einer Woche gekündigt habe. Keinesfalls, versichert Shauna, es sei nicht das Geringste zu befürchten. Im Vertrauen gesprochen verhalte es sich schlicht so, dass die ursprünglich per Losverfahren ermittelten

[12] Frei übersetzt: Ehrenkapitäne des örtlichen Sparkassenverbandes

Ehrenkapitäne kurzfristig abgesagt hätten, weshalb nun unsere Töchter – von der Cheerleaderin bereits intensiv bepuschelt – herzlich eingeladen seien. An den Händen der Mannschaftsführerinnen der beiden Basketballteams würden die Kinder zu Beginn aufs Spielfeld laufen und zur Halbzeit an einem kleinen Aktionsspiel teilnehmen dürfen, Popcorn, Hotdog-Menu und T-Shirts für die gesamte Familie selbstverständlich inbegriffen.

Ich packe das mir überreichte IU-T-Shirt aus, halte es eng an meinen Körper und sehe meiner Frau lange in die Augen. Ehrenspielführer – wollte ich schon immer werden.

»Wenn du immer dabei bleibst, ist das fein mit mich!«, sagt meine Frau streng.

Sie mustert die Cheerleaderin von oben bis unten, kommt nicht weit und verabschiedet sich zu Forschungszwecken bis zur Halbzeitpause ins Büro, nicht ohne mich auf Deutsch noch einmal dringend zu ermahnen, unter keinen Umständen irgendetwas zu unterschreiben oder gar unsere Handynummer preiszugeben. Ich verspreche es, muss mich aber bereits nach wenigen Minuten versicherungsrechtlichen Gründen beugen, auch die Fotorechte für die Aktion muss ich lebenslang an die Veranstalter abtreten. Wenn es weiter nichts ist … Das Misstrauen meiner Frau scheint mir übertrieben. Schließlich ist das ja eine Universitätsveranstaltung, wie auch Shauna nochmals betont.

Als wir aus den Katakomben zurück ins Licht der Halle treten, bin ich einmal mehr überwältigt von der Pracht der Arena. Fünfzehntausend Zuschauer finden hier Platz. Die Partien des Männerteams sind stets ausverkauft, bei den Damen sieht es anders aus. Selbst heute, da es gegen das Team aus Purdue, der benachbarten Universität von West Lafayette und also den Erzfeind und Lokalrivalen geht, verlieren sich nicht mehr als tausend Menschen in den steil aufsteigenden Sitzreihen. Ideal für verzweifelte Familien am späten Freitagnachmittag.

Die Universitätsband spielt wohl vertraute Bon-Jovi-Melodien meiner Jugend (*Take my hand, we'll make it I swear, woah, livin' on a prayer*), und zu meiner tiefen Beruhigung hat der grenzdebile Superfan da, wo er immer sitzt, in der ersten Reihe, bereits Platz genommen. Von dort aus wird er die gesamte Partie über wahlweise taktische Anweisungen brüllen oder aber die Entscheidungen des Schiedsrichters verächtlich kommentieren, und das, obwohl der Hallensprecher just in diesem Moment, wie vor jedem Spiel, das Publikum dazu auffordert, sich stets sportlich zu verhalten, vor allem aber von Beschimpfungen abzusehen – also *to abstain from profanities* (von Profanitäten Abstand zu nehmen), wie es in einer unüberbietbaren Formulierung des amerikanischen College-Sports heißt.

Langbeinige, zumeist afroamerikanische Schönheiten in rot schimmernden Trainingsanzügen beginnen mit den rituellen Aufwärmaktionen. Wie leicht es ist, dieser Welt eine Form zu geben. Auf dem riesigen Videowürfel, der vom Hallendach ragt, sehe ich meine Kinder bald in Großaufnahme. Mit der rechten Handfläche am Herzen singen sie die Nationalhymne und ehren damit Amerikas Freiheit und Größe, vor allem aber all diejenigen jungen Männer und Frauen – vor keinem Spiel wird der Hinweis ausgelassen –, die im Kampf für das Vaterland das höchste Opfer gebracht haben.

Vor meinem geistigen Auge sehe ich deutlich, wie ich in fünfzehn Jahren als stolzer Spielervater gemeinsam mit meiner Frau auf der Tribüne dieser Arena sitzen werde, um meine Kinder als Center der IU-Frauenmannschaft zu bejubeln. In einem kurzen Videoclip werden sie vom Würfel aus erklären, wie sie als Vierjährige zu Ehrenkapitänen ausgewählt wurden und damals der Traum in ihnen reifte, eines Tages für die Frauenmannschaft der Indiana University auflaufen zu dürfen – live Kameraschwenk auf die Eltern, also mich und meine Frau. Wir winken mit jeweils dreißig Kilo Übergewicht. Ein amerikanischer Traum.

Ich kann die Tränen nicht länger zurückhalten, weine bitterlich, wie es sonst nur geschieht, wenn ich mir allein auf dem Rückweg von der Ballettstunde an der Ampel für Linksabbieger meine eigene Beerdigung ausmale. Die Cheerleader stürmen auf das Spielfeld, Zirkusponys gleich rennen sie in engen Kreisformationen hintereinander her und winken ins spärliche Publikum. Riesige rote Universitätsfahnen werden geschwenkt und in dynamischen Diagonalsprints über das gesamte Spielfeld getragen. Es scheint, als wolle man die Eroberung des Westens noch einmal tänzerisch ins Gedächtnis rufen. Abschließend bilden die Mädchen eine menschliche Pyramide. Drei, vier Reihen geht es in die Höhe. Zwerge, die auf Zwergen stehen. Ganz oben an der Spitze presst eine besonders zierliche Tänzerin das Knie bei durchgestrecktem Bein an die eigene Nasenspitze. Applaus! Meine Töchter sind sich einig. Wenn sie einmal groß sind, wollen sie Cheerleader werden.

Unser Nachbar Dave, dessen ältester Sohn als Student eine Cheerleaderin »gedatet« hatte, erzählt übrigens schauerlichste Geschichten von diesen Existenzen. So soll, ganz abgesehen von außergewöhnlichen sexuellen Gepflogenheiten (nach Daves Sohn sind alle Fantasien wahr), in diesen Verbänden ein regelrechter anorektischer Wettkampfgeist herrschen. Die Mädchen der Gruppe trachten danach, sich darin zu überbieten, welches von ihnen wohl am wenigsten essen beziehungsweise am meisten kotzen kann.

Die letzte Werbepause vor der Halbzeit neigt sich dem Ende zu. »*WE ARE IU, WE ARE IU*«, dröhnt es aus den Hallenlautsprechern. Die Cheerleader puscheln mit ihren Pompons um ihr Leben. Inmitten des Lärms versuche ich Shauna zu erläutern, wie genial ich diesen Universitätsslogan finde, da, denke man ein wenig darüber nach, *I* (Ich) und *U* (sprich: you wie Du) ja tatsächlich ein WE (Wir) ergebe.

»IU steht eigentlich für Indiana University«, erklärt Shauna.

Ich nicke. Weiß ich. Dennoch, *I and you*, das ergäbe zwangsläufig ein Wir. »*We are I U, get it?*«

Shauna schüttelt den Kopf und bittet mit freundlicher

Geste um einen Moment Ruhe, offenbar eine wichtige Frage über das Headset von ganz oben. »*Yep, kids are ready*«, gibt sie an die Zentrale durch.

Als gelte es, zwei Schwergewichtsboxer zu präsentieren, kündigt der Hallensprecher nun die IU-Ehrenkapitäne Teeeeeeeeeeiniii und Tjuuuuuuuuleiiii an, vier Jahre alte Zwillinge aus Ostberlin, Germany[13] und fordert die Halle auf, die beiden Mädchen mit Applaus zu begrüßen. Voll konzentriert und ohne sich auch nur einmal nach mir umzusehen, folgen meine Kinder Shauna in Richtung Spielfeld.

Die Regeln des Pausenspiels sind leicht erfasst. Es handelt sich um eine Art amerikanisches Topfschlagen. Erst werden den Kindern die Augen verbunden, dann verteilen Cheerleader Geldnoten im Gesamtwert von zweihundert Dollar wahllos im Mittelkreis, die meine Kinder dann binnen zwei Minuten auf allen vieren ertasten sollen.

Die Kandidatinnen aus dem fernen Ostberlin sind so weit und beziehen Krabbelstellung. Clap! Clap!, fordert der Videowürfel, Ziffern explodieren in strahlendem Rot. 3, 2, 1 – was für ein Spektakel! Tuuli nimmt gerade richtig Fahrt auf, als von der Gegentribüne aus eine fast zwei Meter große ehemalige finnische Basketballnationalspielerin auf das Spielfeld stürmt, ihre Kinder entschlossen am Arm packt und diese mit noch verbundenen Augen vom Spielfeld zerrt. Wer nah dran ist, vermag neben dem

[13] Auf Ostberlin hatte ich Shauna gegenüber ausdrücklich bestanden. Ich dachte, es klänge deutlich bedürftiger.

Geräusch jämmerlich weinender Vierjähriger auch die ein oder andere finnische Profanität in Richtung Shauna zu vernehmen. Auf dem Weg durch die Katakomben verliert Tyyne einen Zwanzig-Dollar-Schein, den aufzuheben ihr von der noch immer, nunmehr auf Finnisch, fluchenden Mutter ausdrücklich untersagt wird.

Mein amerikanisches Handy klingelt wiederholt. Ich wage nicht abzuheben, denn ansonsten ist es totenstill. Schweigend fahren wir in unserem noch immer unversicherten geleasten Subaru Outback durch die Dunkelheit nach Hause, vorbei an den Häusern der amerikanischen Studentenverbindungen, vor deren Eingängen sich das weibliche Partyvolk an frühen Freitagabenden wie diesen in kleinen Gruppen sammelt, sodass die Hauptstraße unseres properen Universitätsstädtchens wie ein einziger langer Straßenstrich anmutet.

Als wir links in Richtung Maplewood Drive abbiegen, passieren wir das ehemalige Wohnhaus des Zoologen Alfred Kinsey, dessen legendäre wissenschaftliche Studien zum Sexualverhalten des weiblichen und männlichen Menschen in den frühen Fünfzigerjahren weltweit für Aufsehen gesorgt hatten.

»Kinsey ist an allem schuld«, sagte ich in die Stille hinein, ohne den Sachgehalt dieses Gedankens tiefer ausführen zu wollen.

»Nein, bist du nämlich schuld, Mensch«, schnauzt meine finnische Frau zurück, »du, du, du! Was, wenn der Mäuse das niemals vergessen, hast du das schon mal überlegt?«

Zwölf Monate erst ist das her und wirkt doch wie ein längst vergangenes Leben. Ich bin sicher, meine Töchter erinnern sich weitaus weniger als ich. Vor allem aber ahnt niemand, niemand, ich spüre es genau, außer Eva, im Moment etwas von den Eisstürmen in meinem Inneren. Abigail kann schon wieder stehen, ja sogar springen. Nichts passiert. Tamara dankt für alle hörbar dem lieben Gott und fährt sich wiederholt durch ihre Vierhundert-Dollar-Dauerwelle.

Nein, ihr werdet mich nicht zerstören. Ihr nicht.

Zum Glück ist Igor schon da. Allein, wie immer, steht er mitten auf dem Schulhof, hält Olgas rosafarbenen Rucksack mit beiden Händen fest und lässt ihn wie ein Pendel vor sich hin und her baumeln.

Ich suche Blickkontakt.

26

IDENTITÄT

Der Ausflug ist nicht meine Idee gewesen. Anderseits ist für eine junge Zwillingsfamilie alles, selbst die suizidnahe Gesamtstimmung finnischer Autobahnraststätten, besser als ein Wochenende in den eigenen vier Wänden. Wir fahren in einen Tierpark, in dem sich laut Website alle Wesen als Teil »einer großen Familie« empfinden, ja, wo selbst »Elche und Emus glücklich zusammenleben« (*Here you will find elks and emus happily coexisting*). Ich hatte diese Formulierung daheim vor dem Bildschirm noch als rein figurative Redeweise aufgefasst, doch in Zoolandia, keine dreißig Kilometer nördlich von Turku, teilen sich Elche und Emus tatsächlich ein einziges Gehege. Offenbar handelt es sich um zwei Arten, die sich evolutionär nicht das Geringste zu sagen haben, um zwei Lebensformen, deren Interessen keinerlei relevante Schnittmenge bilden. Jedenfalls nehmen die jeweiligen Vertreter von den Verrichtungen und Eigenheiten der anderen Art keinerlei Notiz. Gemächlich ziehen sie aneinander vorbei, wie Wolken in der Nacht. Dieses überaus friedliche Zusammenleben verschiedener Kulturen auf engstem Raum beeindruckt mich so sehr, dass ich es meiner Familie noch am Gatter als absolut wegweisend anpreise, allerdings ohne mich meiner Frau in diesem Punkt ausreichend verständlich machen zu können. Leicht gereizt fragt sie wiederholt nach, was ich eigentlich damit sagen wolle. Beziehungsweise *ihr* damit sagen wolle.

Wir schieben also, jedes inhaltsgetragene Gespräch der Harmonie zuliebe meidend, den Kinderwagen über gemulchte Wege, von den Elchen zu den Wildschweinen und wieder zurück. Bestaunen die spontane Erektion eines alten Maulesels (*»Katso, pippeli, pippeli!«*) und versuchen in einem überhitzten, übel riechenden Betonflachbau verzweifelt, die angeblich in den Terrarien lauernden Frösche und Leguane auszumachen. Vor allem von der Grünen Mamba will ich, dass meine Kinder sie sehen, hat ihr für Menschen in nur wenigen Sekunden tödlicher Biss mich doch eine lange Zeit meiner Kindheit fasziniert und meine Träume bestimmt.

»Seht ihr die Schlange, seht ihr sie?«

Ich hebe Tyyne und Tuuli gleichzeitig hoch, ganz nah an die Scheibe. Nein, sie sehen sie nicht, nicken aber trotzdem fröhlich, wohl, um ihrem verzweifelt wirkenden Vater eine Freude zu machen. Dass wir an diesem sonnigen Oktoberwochenende, dem letzten der Tierparksaison, die einzigen Besucher sind, verleiht dem Besuch etwas Unheimliches. Die Imbissbuden sind winterfest vernagelt, auch die Regale des winzigen Souvenirshops stehen bereits leer.

Auf dem Weg nach draußen und als eigentlicher Höhepunkt besuchen wir den Elefanten Ganesha in seinem eigens für ihn errichteten Betonbau. Seine Haut ist auffällig dünn, schwarze, melanomgleiche Flächen säumen Ohren und Rumpf, Flüssigkeit trieft aus zwei wund gescheuerten Stellen an den Hinterbeinen. Er bewegt sich nicht, malmt nicht einmal, steht einfach nur apathisch da, zwischen den meterhohen, kahlen Wänden. Zwei riesige Wärmelampen an jeder Seite, dazu ein Warmluftgebläse, so laut, dass man kaum das eigene Wort versteht. Die Kinder klagen über den üblen Geruch (*»Haisee kakallerr*), zeigen sich ansonsten aber in gemäßer Weise beeindruckt von der erhabenen Größe des Säugers – sowie natürlich seines Rüssels.

»Norsu, norsu!«

»Ja, *norsu*, ein Elefant, der Elefant.«

Der Informationstafel entnehme ich, dass Ganesha 1972 in Gefangenschaft in Schweden das Licht der Welt erblickt hat und seit 1995 in Zoolandia lebt. Das ist also sein Leben. Eisige Winter zwischen dröhnenden Gebläsen, mehrere hundert Kilometer vom nächsten Artgenossen entfernt: nichts zu mümmeln, nichts zu lachen, nichts zu tun und nichts zu ficken.[14]

[14] In meiner Erinnerung handelt es sich bei dem Elefanten eindeutig um einen Bullen, sogar seinen Namen höre ich klar im Ohr. Auf entschiedenen Druck meiner Frau prüfte ich die Sachlage allerdings nun noch einmal nach. Sie hatte recht. In Wahrheit handelte es sich um eine Elefantenkuh namens Vanni. Wie gesagt, es ging mir damals nicht so gut. Man darf aber annehmen, dass es für die Kuh nicht angenehmer war, als es für einen Bullen gewesen wäre und der Wahrheitsgehalt insofern unangestastet bleibt.

Wir sehen, dass es bald dunkel wird, die Kinder bekommen Hunger. Meine Frau mahnt zum Aufbruch.

»Besser gehen jetzt. Das Elefant ist müde.«

Wie recht sie hat. Sehr, sehr müde.

Ein Streifenwagen der finnischen Polizei fährt langsam durch die Reihen und stoppt genau an der Stelle kurz ab, wo unser geparktes Auto steht. Es ist das Einzige mit deutschem Kennzeichen. Wer jetzt noch in Finnland ist, macht keinen Urlaub mehr. Hoffentlich schöpfen sie keinen Verdacht. Auch Tyyne und Tuuli haben die Patrouille durch das riesige Panoramafenster der Autobahnraststätte, die wir nach dem Zoobesuch aufsuchen, entdeckt und fuchteln freudig mit den Armen. Die Kinderstühle wackeln vor Erregung.

»Näitkö, näitkö, äiti? Poliisiauto. Poliisimies.«

»Richtig. Ein Polizeiauto, ganz unverkennbar. Und zwei Oberwachtmeister.«

Meine Frau bedeutet, die Kinder leiser zu loben. Muss ja nicht jeder wissen, dass ich der Ausländer bin.

Ballförmige Glaslampen hängen an langen Stahlschnüren über den Tischen, ihr kräftiges Orange fein abgestimmt auf das magische Blau der einsetzenden Herbstdämmerung. Unsere Tischnachbarn, ein Rentnerehepaar in viel zu engen, identischen Trainingsanzügen, sitzen seit mehr als fünfzehn Minuten schweigend vor ihren leeren Kaffeetassen. So will ich nie enden. Ich sehe hinauf an die Decke. Eine wahre Kathedrale von einer Raststätte ist das. Die Lampen brechen urplötzlich aus ihrer Verankerung und bersten mit lautem Knall. Schnittwunden. Schreie. Chaos. Blutverschmierte Marimekko-Taschen überall.

Visionen dieser Art häufen sich bei mir in letzter Zeit. Sie enthalten auch Maschinengewehre, Außerirdische und Erdbeben. Meinem Unterbewusstsein geht es nicht gut, so viel meine ich mit Sicherheit sagen zu können.

»Langsam verstehe ich das mit den Amokläufen.«

»Was hast du gesagt?«, fragt meine Frau.

»Oh, nichts, hab nur so vor mich hin gemurmelt.«

Mit einer Mischung aus Mitleid und Verachtung beobachte ich seit zwei Jahrzehnten junge Eltern, die in Fast-Food-Restaurants in ihren Pommes-frites-Tüten stochern und in stiller Verzweiflung aus dem Fenster, auf den Fernseher oder die Toilettentüren starren, während ihr Nachwuchs beliebige Belanglosigkeiten von sich gibt, Becher umwirft oder sich ganzgesichtig mit Ketchup einsaut. Auch so wollte ich nie enden. Dunkle, aus Anspannung und Nervosität geborene Gedankenketten sind das, denn für den Moment habe ich nicht mehr zu hoffen, als dass die beiden finnischen Polizisten, die vom Buffet aus meinen Kindern zurückwinken, nicht auf die Idee kommen, mich nach meinen Fahrzeugpapieren und meinem Einreisedatum zu fragen. Das Geld für die dann ohne Zweifel fällige Zollnachzahlung, zwei- bis dreitausend Euro mindestens, besitze ich nämlich nicht und werde es auf absehbare Zeit auch nicht besitzen. Vor den Augen meiner Kinder werden sie das Auto konfiszieren, womöglich muss ich sogar das Land verlassen, ein Land, in dem ich derzeit weder angemeldet noch krankenversichert bin. Seit vier Monaten im rechtlichen Niemandsland, weder Tourist noch Immigrant, eine juristische Nichtexistenz, ein Vater, mehr nicht. Und es wäre natürlich meine Frau, die das Ganze sprachlich zu moderieren und zu erklären hätte. Mit bliebe nichts weiter, als danebenzusitzen und möglichst freundlich zu grinsen wie der Idiot, als der ich mich bereits jetzt deutlich spüre.

Das Buffet der Raststätte hat einen besonders guten Ruf, und da es gegen fünf Uhr nachmittags ist – eine Zeit, da Finnen die einzige warme Mahlzeit des Tages einnehmen –, sind die meisten Tische belegt. Wohl aus Furcht, von meinen Kindern weiter belästigt zu werden, suchen die Polizisten mit ihren Tabletts in einer anderen Ecke des weitläufigen Gastraumes nach einem Plätzchen. Die Kinder sind enttäuscht.

»Dem *konstaapelis* müssen auch mal in Ruhe essen«, erklärt meine Frau.

27

GO FOR IT!

1,2 Millionen unverkaufte SUVs allein von General Motors, das muss man sich mal vorstellen«, erkläre ich dem Verkäufer auf dem Beifahrersitz und tue so, als wollte ich den Außenspiegel neu justieren. »Was wohl mit all diesen Neuwagen geschehen mag? In den kommenden Monaten wird sie kein Amerikaner mehr kaufen oder auch nur leasen wollen. Und schon gar kein Europäer!« Ich lache wie über einen Witz.

Das Thema habe ich mir heute Morgen beim Frühstück überlegt, als Teil meiner Strategie, den Preis nach Möglichkeit noch um weitere fünfzehn Prozent zu drücken. In den einschlägigen Internetforen wird nämlich behauptet, das sei beim Kauf eines Neuwagens in Amerika immer möglich. Und dass man ein Idiot sei, wenn man selbiges nicht schaffe.

»Keine Ahnung was mit den Autos geschieht, so einen Markteinbruch gab es eben noch nie, vermutlich werden daraus Mietwagen«, gibt der junge Mann vom Beifahrersitz aus zurück. (In Wahrheit beginnt er seinen Satz mit *No idea*, was ja etwas ganz anderes ist. Ich meine, wer *keine Ahnung* hat, der *weiß* gewisse Dinge nicht, wer aber keine Idee hat, dem fällt nichts Neues ein. Ist das der Unterschied zwischen Europa und Amerika, dass Ahnungslosigkeit auf dem einen Kontinent mangelndes Wissen und auf dem anderen mangelnder Ideenreichtum bedeutet?)

»1,2 Millionen neue Mietwagen. Schwer zu glauben. Wohin also mit dem ganzen Elektroschrott? Allein die Entsorgungskosten können einen Hersteller in den Bankrott treiben.«

»KIA ist der einzige Automobilkonzern hier, bei dem die Absätze in den vergangenen zwei Quartalen stabil waren.«

Das sitzt, und es ist meinem Beifahrer anzusehen, wie sehr er sich über seine Parade freut.

Die Bundesstraße 37 ist zu beiden Seiten von Autohäusern gesäumt. Endlose Reihen von Autos flimmern in der prallen Hitze des Mai. Mir fällt auf, dass der Verkäufer kein Namensschild trägt. Vielleicht lügt er doch nicht, und heute ist, wie er gleich bei der Begrüßung erzählt hat, tatsächlich sein erster Arbeitstag in dem Autohaus, ja in der Autobranche überhaupt – ich bin also sein allererster Kunde. Es ist nur natürlich, hinter dieser Geschichte eine jener Verkaufstaktiken zu vermuten, die man jungem, profitgeilem Personal in Wochenendseminaren als »todsichere Methode« eintrichtert, auch wenn ich zugeben muss, dass mir die psychologischen Hintergrundannahmen dieser Finte nicht vollständig einsichtig sind. Denn zunächst wird von Seiten des Verkäufers mit diesem Trick ja fehlende Erfahrung und damit auch Sachkenntnis vermittelt. Anderseits verleiht es der Situation unbestreitbar eine besondere Spannung, bedient eine grundmenschliche Faszination am Erstmaligen und stellt dem Kunden insbesondere in Aussicht, bleibende Spuren in der Biografie seines Gegenübers zu hinterlassen.

Wenn es stimmt, was er sagt, so liegt es jetzt ganz in meiner Macht, mich auf ewig in sein Bewusstsein einzubrennen, als der erste Kunde, dem er in seiner gewiss noch langen und hoffentlich außergewöhnlich erfolgreichen Karriere als Autohändler einen Wagen verkauft hat. Ich sehe ihn als älteren Mann auf einem Schaukelstuhl sitzen, den Enkel auf dem Schoß: »Ein KIA Sorento war das damals 2008 in Bloomington, Indiana, diesem verdammten Kaff. Ein Deutscher ohne Kreditkarte, stell dir das mal vor!«

Unwahrscheinlich allerdings, dass es dann noch KIAs geben wird, womöglich nicht einmal mehr Automobile und so gut wie sicher keine Kreditkarten. Nur Schaukelstühle, die wird es auch in sechzig Jahren noch geben. Die Schaukelstühle werden uns alle überleben.

Jedenfalls hat er unbestreitbar sein Ziel erreicht, er ist drin in meinem Kopf, ganz unabhängig davon, ob seine Geschichte nun wahr ist oder nicht. Und nur darum geht es in solchen Situationen ja, eine bestimmte spezielle Atmosphäre zu kreieren. Wen kümmert schon die Wahrheit? Mich jedenfalls nicht. Ich will nur meinen Rabatt.

»*Now you wanna turn left*«, sagt der junge Mann.

Ich biege links ab, nicht ohne mich an seiner *you-wanna*-Formulierung zu stören. Die verwendet auch meine Frau seit einigen Monaten bei der morgendlichen Tagesplanung am Frühstückstisch, wortwörtlich ins Deutsche übersetzt.

»Du willst heute noch einkaufen gehen«, heißt es dann zum Beispiel oder »Du willst heute noch Lance Eberle anrufen!« oder »Du willst noch nach günstigen Air-India-Flügen nach Frankfurt suchen«. Als ob es sich bei ihren Befehlen um eine Form der Wahrsagerei oder Hypnose handelte. Als ob sie den leisesten Schimmer davon hätte, was ich wirklich will. Andererseits ist dieses »Du willst …« immer noch besser als mir ebenfalls allzu bekannte Frühstückssätze wie »Sollte heute noch einkaufen« oder »Sollte heute noch der Müll rauskommen«, die sich als direkte Übersetzung aus finnischen Redewendungen ergeben. Das Finnische agiert nämlich besonders gern mit der sogenannten Null-Person (*nollapersoona*), also einer Verbform, die grammatisch gesehen kein bestimmtes Subjekt hat. Es ist im Zusammenhang gewiss nicht übertrieben zu behaupten, dass finnische Ehefrauen ihre Gatten bevorzugt als Null-Person ansprechen. Muss man auch mal sagen.

Plangemäß hätte die Probefahrt mit der ganzen Familie an Bord stattgefunden, doch war die Innentemperatur des der prallen Sonne ausgesetzten Neuwagens beim Öffnen der Tür so unerträglich hoch (»Heiß wie Sauna, Mensch!«), dass die Kinder laut aufgeschrien hatten.

Selbst glaubwürdigste Beteuerungen, die außergewöhnlich leistungsfähige Klimaanlage des KIA (»*We test them in Saudi Arabia*«) werde den Missstand in Minutenschnelle behoben haben, vermochten nichts mehr zu ändern. Was vor allem auch daran liegt, dass Klimaanlagen neben Mikrowellen, Mobiltelefonen und Digitalfernsehen zu den technischen Neuerungen zählen, denen meine Frau, da sie dergleichen aus ihrer eigenen Kindheit nicht kennt, eine besonders militante Skepsis entgegenbringt (sie vermutet gefährliche Viren und krebserregende Flüssigkeiten im Gebläse).

Nun wartet sie mit den Kindern also in dem vollklimatisierten Verkaufsraum des Autohauses, in dem es für solche Situationen anstatt einer skandinavisch kinderfreundlichen Hüpfburg oder Spielecke nur zwei Ledersessel vor einem riesigen Plasmabildschirm gibt, der auf einen Satellitensportsender geschaltet ist und NFL Football in Endlosschleifen zeigt. Gewiss kocht sie dort bereits, innerlich.

Um die gesamtfamiliäre Kaufstimmung nicht weiter zu gefährden oder gar zu verderben, erwäge ich, auf eine eilige Rückkehr zum Autohaus zu drängen. Zumal ich ja bereits alles Wesentliche zu wissen glaube. Über mehrere Wochen habe ich die Sonderangebote der fast täglich ausgelieferten kostenlosen Werbeprospekte studiert.[15] Meine Auswahl war dabei ausschließlich auf die Signalbegriffe

[15] *Bitte-keine-Werbung*-Schildchen gibt es an amerikanischen Briefkästen nicht, vermutlich fehlen die rechtlichen Voraussetzungen für eine wirksames Verbot.

Blow out sale, *No cash down* und *Bad credit not a problem* konzentriert und hierbei wiederum nur auf asiatische Marken. Vor drei Tagen, bei siebentausend Dollar unter Listenpreis, *no cash down* und *bad credit not a problem* lud ich Aaron und Dave auf ein Verandabier ein und ließ beide – wie zuvor an der Schulbushaltestelle vereinbart – just in dem Moment heftige Zustimmung signalisieren, da ich meiner Frau die wie zufällig gefundene Anzeige auf den Verandatisch legte. Irgendwann, argumentierten Dave und Aaron mit, müssten wir einfach anfangen, uns zu verschulden, sonst würden wir in diesem Land nie auf einen grünen Zweig kommen. Und der Autokredit sei in vieler Hinsicht die Mutter aller anderen Kredite, sei der wahre Eintritt in die amerikanische Gesellschaft, in seiner Bedeutung die Green Card oder gar Einbürgerung weit übertreffend.

»Go for it!«, rieten sie: *Sollte Auto kaufen.*

Ich drehe die Klimaanlage zwei Stufen herunter und frage nach Garantien.

»Drei Jahre auf alles, lebenslang auf Durchrostung«, antwortet der junge Mann. »In der Pannenstatistik liegt KIA an der Spitze, und auch der Wiederverkaufswert habe sich geradezu spektakulär entwickelt.«

Ich nicke zufrieden und gebe an, KIA schon immer besonders geschätzt zu haben, meiner Ansicht nach sei die Marke in Europa schon immer grotesk unterbewertet gewesen.

»Ja, sie ist dort ja auch erst seit kurzem auf dem Markt«, stimmt der Verkäufer zu und spricht von einem großen Deal.

»Also so etwas wie ein Big Mac für einen Dollar!«

»Sie sagen es!«

Ich stelle das Radio an, um so zu tun, als wollte ich den Sound testen. Auf Taste Nummer 1 ist ein christlicher Talk-Sender gespeichert. Eine junge Frau aus Lebanon, Indiana, Rachel mit Namen, stellt dem Gastgeber der Sendung, ein der Stimme nach mindestens neunzig Jahre alter Pfarrer, der die Anrufer entweder als »mein Sohn« oder »meine Tochter« anspricht, die Frage, wer Satan geschaffen habe und ob er womöglich bereits vor der Schöpfung existiert haben könnte. Sie kenne natürlich die Geschichte vom gefallenen Engel, Rachels Stimme zittert vor Aufregung, doch gebe es, denke man erst einmal darüber nach, ja nur zwei oder maximal drei Möglichkeiten: Entweder habe Satan bereits vor Gott existiert, dann sei Letzterer nicht allmächtig, oder aber Satan sei später hinzugetreten, was wiederum entweder bedeute, dass Gott dies nicht habe verhindern können oder aber nicht habe verhindern wollen. Gerade mit der letztgenannten Möglichkeit aber, erklärt Rachel, habe sie ernste Probleme, werfe dieses Szenario doch eine ganze Menge (*a good deal of*) ernster moralischer Fragen auf. Gott bezüglich, wie Rachel präzisiert.

Eines muss man einmal ganz allgemein festhalten: Diese evangelikalen Psychopathen schonen einander nicht. Jedenfalls kann ich mich nicht erinnern, dass dieses zweifellos absolut zentrale Problem unserer Kultur in den öffentlich-rechtlichen Sendern meines Heimatlandes auch nur ein einziges Mal in dieser Klarheit zur Sprache gebracht worden wäre.

Mein Beifahrer fängt an, leicht zu wippen, womöglich ein Zeichen intensiven Nachdenkens. Er ist, wie ich selbst, nicht einwandfrei rasiert, trägt eine beige, zu weit scheinende Stoffhose und ein schwarzes Poloshirt ohne Markenkennung. Seine schwarzen Lederschuhe gehören eher in den Winter, die weißen Tennissocken dürfen als kulturell stimmig gelten. Nein, wie ein Evangelikaler wirkt er nicht. Seine Augen blicken ohne Heilsgewissheit auf die endlose Gerade des Highways.

Ich trete das Gaspedal durch, mit einem leichten Ruck springt das Automatikgetriebe in den nächsten Gang. Erst jetzt, viel später als von mir erwartet, führt das Gespräch auf die deutschen Autobahnen und deren sagenhafte Möglichkeiten.

Wie immer, wenn es in den USA um deutsche Autobahnen geht, gebe ich zu bedenken, dass auf gerade einmal drei Prozent der deutschen Strecken ohne jegliche Geschwindigkeitsbegrenzung gefahren werden darf, eine Zahl, die ich als Zwölfjähriger einmal in einer Fernsehtalkshow aufgeschnappt und seither nicht vergessen, jedoch auch niemals überprüft habe. Der Politiker, der das damals behauptete, ein Liberaler, der Jahre darauf mit einem Fallschirmsprung Selbstmord beging, stritt damals mit einer Gewerkschaftsfunktionärin über den deutschen Verordnungswahn. Die Gewerkschaftsfunktionärin erzählte im Verlauf der Sendung, sie habe mehrere Jahre in Amerika gelebt und wisse seither, dass

Freiheit auch nicht alles sei, so mache es beispielsweise überhaupt keinen Spaß, um drei Uhr nachts im Supermarkt einzukaufen.

Erst fünfundzwanzig Jahre später habe ich hier, in diesem Auto, das Gefühl, diese Sätze wirklich zu verstehen.

»Ist also eher ein Mythos, das mit der Autobahn, so wie es ja auch nicht in allen Bundesstaaten der USA die Todesstrafe gibt.«

Der junge Mann sagt, er verstehe vollkommen. Im Übrigen sei er in Heidelberg geboren worden und damit ja in gewisser Weise selbst Deutscher.

»Das gibt es doch nicht, und das sagen Sie erst jetzt!«

»Ich habe aber keine Erinnerungen daran, mein Vater ist kurz nach meiner Geburt auf die Philippinen versetzt worden, später zurück in die USA. Armeemitglieder ziehen alle zwei Jahre mit ihrer Familie um, mindestens.«

Er selbst habe auch zur Armee gewollt, aber es gebe gewisse Eignungstests, bestimmt hätte ich von ihnen gehört, bei dem es darum gehe, wie lange man es ohne Schlaf aushalte. Zweieinhalb Tage habe er durchgehalten, und dann sei er erwischt worden, Aufputschmittel, nichts Großes, wie er versichert, aber doch genug, um es nicht noch einmal versuchen zu dürfen.

Das geht an Intimität und Verletzlichkeit dann doch über klassische Verkaufsschulungen hinaus. Die Autohäuser kommen wieder in Sicht, flimmern wie Fata Morganas. Ein junger Mann, von Aufputschmitteln abhängig, ohne Ausbildung, vermutlich bis über beide Ohren verschuldet und mit einer aktenkundigen Drogenmissbrauchsvergangenheit zur Probe eingestellt, an seinem ersten Arbeitstag. So sitzen wir also beisammen, ohne *Cash* und *Credit*, an einem uns fremden Ort, in einem Auto, über das wir nichts wissen, außer dass es groß und billig ist.

Als wir in den Parkplatz einbiegen, wartet der Verkaufsleiter bereits vor der Ausstellungshalle. Er habe extra mit der Zentrale in Indianapolis telefoniert, sagt er, unsere fehlende Kreditgeschichte sei kein Problem, man werde in unserem besonderen Fall eine Ausnahme machen. Er spricht von absolut großartigen, spektakulären Konditionen (zweihundertachtundvierzig Dollar monatlich, achtundvierzig Monate, ohne Anzahlung plus einiger Sonderzahlungen) und bittet mich in sein Büro, wo meine Frau bereits mit den frierenden Kindern wartet.

Das Erste, was meine Frau bei meinem Anblick sagt, ist, dass sie heute auf keinen Fall ein Auto kaufen werde, sondern sich die Konditionen zu Hause erst einmal genauer ansehen wolle. Sie betont ferner in Richtung des Managers, dass es auf ihre Unterschrift letztlich ankomme.

»Verstehe, sehr vernünftig, aber dies ist ein einmaliges Angebot, ich kann Ihnen nicht garantieren, dass der Wagen morgen noch da sein wird.« Der Verkaufsleiter beugt sich nun weit über seinen Schreibtisch. »Sehen Sie doch einmal in die Augen Ihres Mannes, es würde ihn so glücklich machen«, fügt er hinzu.

Mein Frau bittet darauf höflich, man möge sie mit Formulierungen wie »es würde ihren Mann so glücklich machen« sowie »ähnlichen *bullshit*« bitte verschonen, steht auf und sagt, sie werde mit den Kindern im Auto warten.

Auf dem Parkplatz sehe ich, wie der junge Verkäufer rauchend in der Sommerhitze steht, ganz ruhig und gelassen, als ginge ihn das alles gar nichts an. Auf dem Weg zu unserem Wagen verabschiede ich mich mit Handschlag und bekenne, wie leid es mir tue.

»*No problem, Sir*. Auf Wiedersehen.«

28

A BEAUTIFUL DAY

Wie geht's, mein Freund?« Igor grüßt noch freundlicher als sonst.

»Es gab da ein kleines Problem am Spielplatz.« Ich erzähle ihm kurz vom missglückten Monsterspiel.

»Dieser scheiß amerikanische Belag, ist Olga auch schon passiert. Knickt man immer um.«

»Du sagst es.«

»Kann man nichts machen«, tröstet Igor und fügt hinzu, das sei das ganze Problem an den hiesigen Erziehungsmethoden. »Die wollen die Kinder beschützen und machen dadurch alles nur noch schlimmer. Und dann den Vätern die Schuld geben.«

»Genau«, nicke ich dankbar. Igor versteht mich. Igor ist mein Freund.

Isoliert, wie jeden Morgen, stehen wir mitten auf dem Schulhof. Von außen könnte der einstöckige, L-förmige Backsteinbau auch mit einer Kaserne oder einem Jugendgefängnis verglichen werden, ein Eindruck, der durch die vergitterten Fester der zum Hof liegenden Klassenzimmer noch verstärkt wird. An die Wände des Gebäudes sind in unterschiedlicher Höhe netzlose Basketballkörbe geschraubt. Wo der Asphalt endet, beginnt eine Grünfläche, etwa halb so groß wie ein Fußballfeld, an deren Ende der Erdwall – die natürliche Grenze des Schulgeländes. Im Winter wird er an den Nachmittagen von den Kindern zum Rodeln oder sogar Snowboarden genutzt, und es hat durchaus seinen Reiz zuzusehen, wie sich die größtenteils philippinischen Kindermädchen bei minus zwanzig Grad und eisigen Böen zu kleinen Wärmegrüppchen zusammenrotten und in kollektivem Schweigen den Tag verfluchen, an dem sie ihren Fuß in dieses unwirtliche Land gesetzt haben. An Spätsommerabenden kommen pensionierte, ausschließlich männliche Anwohner, um auf dem Schulgelände an ihrem Golfabschlag zu arbeiten. Ich weiß das, weil ich dann oft mit den Kindern zum Fußballspielen dort bin.

Tamara komplettiert wie jeden Morgen eine Kleinstgruppe sonnenbrillentragender Chanel-Mummys (*»Hiiii Laaadies, doing super today? What a beautiful morning!«*), Eva begleitet Abigail auf die Toilette, um die Tränen abzuwischen.

Wie jeden Morgen auf diesem Schulhof spüre ich einen schrecklichen Verdacht gegen alles Menschliche in mir aufsteigen. So ist es gewiss kein Zufall, dass sämtliche philippinischen Nannies (bis auf Evas Joanna, natürlich!) von schweren Hauterkrankungen oder Aknenarben im

Gesicht gezeichnet sind. Ich kann nicht anders, als zu denken, dass die Hedgefonds-Gattinnen von Cedarvale dies zu einem wesentlichen Einstellungskriterium erkoren haben, da sie sich hiervon zweifellos einen beträchtlichen psychologischen Doppelgewinn erhoffen. Denn erstens sind die Mädchen, die sich ihres äußerlichen Makels natürlich nur zu bewusst sind, besonders dankbar, trotzdem eingestellt worden zu sein, zweitens besteht so die Hoffnung, die eigenen Gatten und also Hausherren mögen vielleicht doch die Finger von den jungen, rechtlich weitestgehend schutzlosen Dingern lassen.

»Fehlt nur noch, dass sie ihre Golfausrüstung mitbringt.«

»Was?«

»Fehlt nur noch, dass sie ihre Golfausrüstung mitbringt«, wiederholt Igor so laut, dass es alle Umstehenden und insbesondere die gemeinte Person hören muss.

Mit ausgestrecktem Arm und langgestrecktem Zeigefinger weist mich Igor auf die Existenz eines Metallschildes hin, das rechts oberhalb des Schuleingangs an die Backsteinmauern geschraubt wurde. Ich sehe es heute zum ersten Mal. Sein warnender Text untersagt neben dem Mitführen von Hunden und Fahrrädern auf dem Schulhof auch das Golfspiel.

»Siehst du«, sagt Igor jetzt noch ein bisschen lauter, »keine Hunde, keine Fahrräder.«

Ich kenne die Mutter, die Igors Zorn auf sich gezogen hat, nicht beim Namen, meine mich aber erinnern zu können, von ihr in den letzten Wochen eine E-Mail erhalten zu haben, die alle Elternhaushalte im Interesse zukünftiger Generationen und also ihrer jeweils eigenen Kinder daran erinnerte, zum Earth Day bitte das elektrische Licht für eine Stunde ausgeschaltet zu halten. Wenige Meter vor uns hält sie mit der rechten Hand den Lenker ihres Damenfahrrades, auf dessen Gepäckträger ein gut zweijähriges Kind im Kindersitz (mit Fahrradhelm) sitzt und unklare Quengellaute von sich gibt, während ein ausgewachsener Golden Retriever munter um das Fahrrad herumspringt und sich anschickt, Kontakt mit den kreuz und quer umherrennenden Grundschulkindern des Schulhofes zu suchen.

»Ich weiß, wie das läuft«, fährt Igor mit voller Stimme fort, »morgen kommt die Nächste mit Fahrrad und dreht mit ihren Kindern Runden auf dem Hof, übermorgen ist der nächste Hund von der Leine, und dann wird jemand gebissen. Verlass dich drauf.«

»Kann sein, Igor«, murmle ich.

»Aber wenn ich dann zu Direktor Conrad gehe, bin ich der böse Serbe!«, ruft Igor.

Noch immer tut die Mutter tapfer so, als höre sie nichts. Immerhin, der Golden Retriever hat sich mittlerweile interessiert umgedreht.

»Wenn der Hund Olga beißt, breche ich ihm die Schnauze«, lässt Igor uns wissen.

»Igor, das glaube ich dir, aber nicht so laut.«

»Ich habe einmal einem Schäferhund die Schnauze gebrochen, während der Armeezeit …«

»Igor, das glaube ich dir …«

Keine Chance. Igor ist jetzt nicht mehr zu bremsen, er erzählt nun sehr plastisch, wenn auch nicht mehr ganz so laut, wie ein Schäferhund, womöglich ein tollwütiges Tier, während eines Manövers, Igor lief allein im Wald, auf ihn zugerannt sei, direkt auf ihn zu. Seelenruhig habe Igor das Tier heranstürmen lassen, sich nicht gerührt, ihm nur in die Augen gesehen, und dann, genau in dem Moment, da der Rüde zum Sprung ansetzte, habe er ihm per Drehkick mit der Springerstiefelsohle die Schnauze gebrochen, nämlich so, schnaubt Igor und vollführt auf dem Schulhof der Cedarvale Community School einen kickboxartigen Drehsprung, der ausgesprochen geschult und recht explosiv wirkt.

Igors Pirouette erregt erwartungsgemäß Aufsehen. Vor allem scheint sich der bereits erwähnte Golden Retriever – nicht einmal zu Unrecht – persönlich angesprochen zu fühlen, Hunde spüren so etwas instinktiv. Jedenfalls springt das Tier nun bellend um das Fahrrad herum, ja, springt das Fahrrad regelrecht an, worauf sein Frauchen das Gleichgewicht verliert und samt ihrem auf dem Kindersitz sitzenden Sohnemann unter einigem Getöse seitlich zu Boden kippt. Der Hund bellt, das Kind, nur aufgrund seines Helmes von einer schweren Verletzung bewahrt, schreit vor Schmerz und Schock und scheint, wie es für diese Altersgruppe üblich, in seiner vollendeten Erregung dem Erstickungstod nahe. Im Gefolge beginnen nun die weiteren, außerhalb des Schulgeländes von den philippinischen Kindermädchen vorschriftsgemäß angeleinten Hunde mitzubellen, selbst von den Hintersitzen der mit laufenden Motoren wartenden Mini-Vans von Tamaras Grüppchen lässt sich durch verdunkelte Scheiben dumpfes Kläffen vernehmen.

»Hab ich doch gesagt, da passiert noch ein Unfall.« Igor verschränkt zufrieden die Arme vor der Brust.

Ich sehe ihn an, und auf einmal fällt mir Herr Akkoc wieder ein. Den Ausdruck kannte ich natürlich noch nicht, aber im Herzen spürte ich als Siebenjähriger schon, dass Herr Akkoc damals bei uns auf dem Schulhof den »sozialen Tod« verkörperte. Jeden Morgen brachte er seine beiden Kinder, Hatice und Levant (Waren sie Zwillinge? Ich frage mich das heute zum ersten Mal) direkt bis vor die Tür unseres Pavillons. Hielt ihre Schulranzen in der einen Hand, eine Zigarette in der anderen und spielte uns hin und wieder den Fußball zurück, ohne dass wir die Notwendigkeit empfunden hätten, uns dafür bei ihm zu bedanken. Ein peinlich berührtes, vielleicht sogar verächtliches Lachen, mehr brachten wir für ihn nicht heraus.

Einmal, ich weiß es noch wie heute, kam Herr Akkoc weit nach Unterrichtsbeginn ins Klassenzimmer, um seinen Kindern zwei neu gekaufte Bleistifte nachzubringen – ihr Fehlen muss ihm auf dem Heimweg aufgefallen sein. Er war extra zum Schreibwarenladen gelaufen, und gleich wieder zurück zur Schule, um seinen Kindern die Bleistifte zu bringen. Unsere Klassenlehrerin, Frau Erb, versäumte es nicht, Herrn Akkoc dafür, in dessen Anwesenheit, ausgiebig zu loben. Wie Kleinode hielt sie die beiden Bleistifte gegen das Licht und sprach davon, wie bewundernswert es von Herrn Akkoc doch sei, seinen Kindern die Bleistifte gebracht zu haben, die ja, wie jeder sehen könne, besonders gute seien, Bleistifte von Faber-Castell, die teuersten also, woran man sehen könne, dass Herrn Akkoc für die Bildung seiner Kinder nichts zu schade sei, dass er keine Kosten und Mühen gescheut habe für seinen Levant und seine Hatice. »Der kümmert sich«, sagte Frau Erb, und dass Herr Akkoc jemand sei, den wir uns alle zum Vorbild nehmen könnten, für später einmal.

Wir konnten uns vor Kichern kaum auf den Stühlen halten. Ausgerechnet Frau Erb, die in kleinerer Runde zum Ausklang des ersten Elternabends erklärt hatte, meine Mutter erzählt diese Geschichte bis heute stolz und zustimmend, dass sie bereits nach den ersten zwei Wochen genau sagen könne, welche Kinder unter den Erstklässlern in die Haupt- oder Realschule kämen und welche es auf das Gymnasium schaffen würden.

Weder Hatice noch Levant haben mich jemals zu ihrem Geburtstag eingeladen, aber ich weiß genau, dass ich – niemand von uns – dort hingegangen wäre, unter gar keinen Umständen. Ich hätte Flötenstunde oder Darmgrippe gehabt oder meinen Großvater im Altersheim besuchen müssen (obwohl keiner meiner Großväter in Wahrheit das Jahr 1944 überlebt hat).

»Was ist passiert, Paps, was guckst du so traurig?« Tuuli zupft plötzlich an meinem Jackenärmel und holt mich in die Realität zurück.

»Nichts, gar nichts, ist nur jemand umgefallen. Alles

halb so schlimm. Geh ruhig wieder ans Klettergerüst, ich stehe hier nur noch ein bisschen mit Igor.«

Sie fragt nicht danach, ob ich die Einladungen bereits verteilt habe, wofür ich ihr unendlich dankbar bin. Wahrscheinlich spürt sie selbst, spürt es viel deutlicher und klarer als ich, dass dies nicht der richtige Zeitpunkt ist. Ein Übernachtungsgeburtstag mit Olga und Abigail wäre ja auch genug, wäre sogar eigentlich das Beste und Coolste, würde uns allen in jedem Fall eine Menge Leid ersparen. So werde ich das meinen Töchtern heute Nachmittag zu erklären versuchen. Bei Olga war es doch schön, wisst ihr noch?

Noch immer steht Igor neben mir, breitbeinig, die Arme verschränkt starrt er in Richtung Schuleingang. Eine Ein-Mann-Gemeinschaft mit kanadischem Pass ist er, vollkommen im Reinen mit sich selbst und seiner binnen zweier Jahre konsequenter Schulhofausgrenzung erworbenen, grundsouveränen und maximale kulturelle Vielfalt erhaltenden Ihr-könnt-mich-mal-Haltung gegenüber den Müttern von Cedarvale. Noch bin ich selbst nicht so weit. Aber es fehlt nicht mehr viel. Es fehlt sogar nur noch sehr wenig. Oh, Kanada.

Mr. Conrad macht seine morgendliche Runde über den Hof und begrüßt uns beide per Handschlag. *»How are you, gentlemen?«*

»Very fine, thank you, such a beautiful day«, sagt Igor.

Besser hätte ich es nicht formulieren können.

29

VEREINTE NATIONEN

Am Turngerüst des Schulhofes baumeln meine Töchter wie Fledermäuse mit dem Kopf nach unten, ihre Haare streifen den Boden. Den Trick haben sie erst vor wenigen Tagen gelernt, immer wieder rufen sie Ms. Mohammed, die Aufsicht hat, zu, sie solle doch mal hersehen!

»Look, look, Ms. Mohammed.«

Olga steht wie immer leicht abseits und hält Sicherheitsabstand von den beiden. Mein Blick schweift über das Wimmelbild aus Tränen und Lachen und Sonnenbrillen und Mobiltelefonen. Die Tatsache, dass all die anderen anwesenden Erwachsenen, sogar Tamara und die ihren, ebenfalls einen Alltag zu bewältigen haben, einen Alltag, der dem meinen im Wesentlichen gleicht, belastet mich als Gedanke schwer. Kinder machen nicht in erster Linie glücklich. Kinder machen gleich. Machen einen Alltag, der Pausenbrote, vergessene Handschuhe, fehlende Regenschirme, Wurzelbehandlungen, Mittelohrentzündungen, Rektoskopien, Werbeanrufe, elektrische Zahnbürsten, Harry Potter und Hannah Montana umfasst, versterbende Eltern und drogensüchtige Cousinen, Überziehungskredite, Waschbären unterm Dach, tropfende Klimaanlagen, eingewachsene Zehennägel und Harndrang bei Nacht. Jeder hat als Elternteil die wahnwitzigsten Geschichten zu erzählen. Ein Kugelblitz kommt bei einem sommerlichen Waldpicknick buchstäblich aus dem Nichts über den Esstisch geschossen und hätte den Nachwuchs beinahe verkohlt. Man ruft schon mal eine halbe Stunde vergebens nach seinem Kind und findet es schließlich in einem Kleiderschrank.[16] Am Ende einer langen Fahrt wird einem die Vorfahrt genommen, man verbringt eine lange Stunde im Wartezimmer eines Internisten in der absoluten Gewissheit, beim Öffnen der Tür von einer Krebserkrankung im terminalen Stadium zu erfahren, und schwört sich in diesem Moment, von nun an das Leben zu genießen und die wirklich wichtigen Dinge im Auge zu behalten, um nur vierundzwanzig Stunden später seine gesamte erbärmliche, hoffnungslos überschuldete Existenz zum Teufel zu wünschen, nur weil das Verschlussteil des Gurts sich wieder einmal so tief in die Rückbank geklemmt hat, dass es über den Kindersitz hinweg mit nur einer Hand beim besten Willen nicht herausgepult werden kann. Man erwägt wiederholt und ernsthaft, sich von seinem Partner zu trennen, und tut es bei einsamen Kinoabenden bisweilen noch immer.

[16] Tuuli hat sich dort einmal versteckt, weil sie wissen wollte, wie es sich anfühlt, nicht auf der Welt zu sein.

Man kann in dieser Sekunde zehn E-Mails nennen, die seit einer Woche schon hätten beantwortet sein sollen, und hat ein Zeitungabonnement, das man seit über einem Jahr aus purer Kraftlosigkeit nicht gekündigt hat. Man fragt sich, warum der Anrufer neulich abends einfach aufgelegt hat, als man ans Telefon gegangen war, man wacht gegen halb fünf morgens schweißgebadet auf, weil man begreift, sterblich zu sein, man hat nicht mal annähernd eine Vorstellung davon, wozu das eigene Handy wirklich fähig ist. Man spürt an dem Tag, an dem das eigene Kind geboren wird, eine Art religiöses Gefühl, man kann sich an den Moment erinnern, als es einem zum ersten Mal in den Arm gelegt worden ist, und hofft, sich in der Sekunde seines Todes an genau dieses Bild erinnern zu dürfen. Man hat einen Nachbarn, den man hasst, und einen, dem man vertraut, sowie einen Arbeitskollegen, der in den eigenen sexuellen Fantasien eine besonders prominente Rolle einnimmt. Man weiß mit absoluter Gewissheit, dass in nur hundertzwanzig Jahren niemand, der jetzt auf diesem Schulhof steht, noch am Leben sein wird. Man verdrängt diesen Gedanken jeden Morgen so gut es eben geht.

Vor allem ist niemand, dächte er oder sie nur ausreichend nach, in der Lage, eine auch nur annähernd plausible Begründung dafür zu liefern, weshalb er oder sie sich heute ausgerechnet an diesem Ort befindet. Es hat uns alle hierhin verschlagen, und zwar mit einer Unwahrscheinlichkeit, die so kosmisch gering ist, dass kein Zahlenwert sie jemals darzustellen in der Lage wäre. Wer in Kanada ist, weiß tief in seinem Herzen, dass er auch woanders sein könnte. Niemand ist notwendig. Niemand ist notwendig hier! Tamara, hörst du mich? Das ist der ganze Witz an der Sache, der vermutlich einzige Witz! Oh, Kanada.

Wir sind hier, auf diesem Schulhof, da hat unser Direktor in seinen Ansprachen wirklich recht, so etwas wie die Vereinten Nationen, nichts an diesem Ort ist selbstverständlich, was übrigens, Tamara, wenn du es denn genau wissen willst, auch für jeden anderen Ort und Schulhof, jede andere gottverdammte *community* auf diesem Planeten gilt, wie blind sie mittlerweile auch für ihre eigene Zufälligkeit geworden sein mag. Die Sachlage ist hier in Toronto nur noch ein bisschen augenfälliger, tritt hier ein bisschen deutlicher ins Bewusstsein. Jedenfalls mir.

Es gab da einen Tag, Tamara, einen Tag in Finnland, den längsten des Jahres 2005, die Sonne ging nicht unter, als ich, wahrscheinlich viel zu lange, auf einem Stein sitzen geblieben war, weil ich meinen Töchtern dabei zusah, wie sie kleine Kiesel auf der Hüttentreppe horteten. Sie trugen von ihrer Großmutter gestrickte Mützen, die wegen ihrer grellen Farbmuster und der Zipfelform den Kopfbedeckungen buddhistischer Mönche glichen. Ich sah kleine Heiligkeiten, Tamara, und bis heute bin ich überzeugt, dass diese ausgefeilten, furchtbar komplizierten, vollends undurchschaubaren Findungsverfahren zur Ermittlung der jeweils nächsten Reinkarnation ihrer heiligen Männer bei den Buddhisten nur dazu da sind zu unterstreichen, wie absolut und vollkommen beliebig die jeweilige Wahl in Wahrheit ist, weil jedes Kind, gerade aufgrund der absoluten Zufälligkeit seiner Existenz, heilig ist. Ein potenzieller Lama, Tamara! Jeder, der nur lange genug hinsieht, kann das begreifen – wobei finnische Strickzipfelmützen mit Rautenmuster sich meiner Erfahrung nach als besonders hilfreich erweisen. Aber samtene Rundkappen mit Stern tun es bestimmt auch. Nicht, dass wir uns da falsch verstehen.

Ich weiß, besonders die Sache mit der absoluten Grundlosigkeit unseres Hierseins ist schwer zu schlucken, Tamara. Was hilft es schon zu wissen, dass alles anders sein könnte, wenn man selbst so gut wie nichts mehr ändern kann, nicht wahr, Tamara? Schon gar nicht sich selbst. Ja nicht einmal die eigenen Kinder. Aber zweieiige Zwillinge, Tamara, da kenne ich mich nun wirklich aus, sind so etwas wie der leibgewordene Beweis der Zufallsreligion, ich meine, allein ihre schlichte Existenz führt eindrucksvoll vor Augen, was eine Millisekunde mehr oder weniger im Leben ausmacht, lässt unbestreitbar erkennen, dass jedes Kind auf dieser Welt in einem absolut nachvollziehbaren Sinn auch ganz anders auf die Welt hätte kommen können, sagen wir: eben nicht rothaarig, sondern blond, nicht schweigsam, sondern geschwätzig, nicht mit langen Beinen, sondern mit kräftigen. Gewiss, es gibt eine unendliche Kette von absurden Zufällen, die dazu geführt haben, dass wir hier auf diesem Schulhof stehen, aber im Vergleich zu den Millionen verschiedenen Menschen, die wir um ein Haar, um einen Mikroschlenker auch hätten werden können, sind sie geradezu vernachlässigbar, Tamara.

Sieh dir Igor bitte noch einmal genauer an, Tamara! Das ist in Wahrheit dein Bruder, oder wäre es um ein Haar gewesen, ich meine es ernst. Und dabei habe ich noch gar nicht von Saul oder Jörn, von Boris oder Dave gesprochen, von Mikko oder Donnah, die genau in diesem Moment wegen der Zeitverschiebung – das fällt mir erst jetzt auf – auf irgendeinem Schulhof der Welt stehen und darauf warten, dass die Glocke klingelt. Eine Gemeinschaft, Tamara. Es gehört nicht viel Fantasie dazu, sie zu erkennen. Womöglich reicht es schon aus, einfach mal die Sonnenbrille abzunehmen und sich ernsthaft nach dem jeweiligen Befinden zu erkundigen.

30

LICHT

Ich weiß nicht, wie lange es gedauert hat, aber als ich wieder erwache, stehe ich allein auf dem Schulhof. Igor hat sich, nehme ich an, verabschiedet, auch gehe ich davon aus, meinen Kindern wie jeden Morgen ihren Abschiedskuss gegeben und ihnen einen schönen Tag gewünscht zu haben. Ich weiß es nicht. Sie sitzen jetzt drinnen in ihren Klassenzimmern, wo sie, gemäß Missionsbeschreibung der Schule, auch heute dazu erzogen werden, »aktive, mitfühlende, lebenslange Lerner zu werden, die verstehen, dass andere Menschen, mit all ihren Unterschieden, auch im Recht sein können.«[17] Das ist so schön gesagt. Und schwer gelebt.

Die Sonne hoch am Himmel, strahlend und schon warm wie ein Freund. Zeit, ich spürte es klar, mich aufzumachen. Zurück, auf den langen Weg nach Hause.

---

[17] Im Original: *We encourage students ... to become active, compassionate and lifelong learners who understand that other people, with their differences, can also be right.*

DANK

Ich kann mich nur wiederholen: Soweit es Fakten zu Geschichte, Sprache, Kultur und Gewohnheiten der geschilderten Länder, Städte und Institutionen betrifft, wurde von Seiten des Autors sachliche Korrektheit angestrebt. Namen von Privatpersonen, sofern sie real existieren, wurden in der Regel geändert. Nicht jede geschilderte Begebenheit hat sich exakt wie geschildert zugetragen – hätte es aber ohne Zweifel können.

Besonders bedanken und entschuldigen möchte ich mich bei: Margit von Cossart (die ein Wunder vollbracht hat), Leena Flegler; Fritz, Bradley und Dave (*We are IU!*); Don, Willi und Tim (Brüder auf dem Weg); Aulis und Pirkko (den Ringwächtern) sowie Pia, Venla und Kaisa – für alle Tage.

Marschmusik vs. Mozartoper – ein Österreicher rechnet ab!

160 Seiten. ISBN 978-3-442-38000-8

Deutsche gehen nach Österreich … um zu studieren, um Urlaub zu machen oder um ihren Lebensabend auf Kosten österreichischer Nerven zu verbringen. Österreicher gehen nach Deutschland, um neue Ressentiments zu sammeln, aus schierem Leichtsinn oder um dort zu arbeiten – wie Michael Ziegelwagner. Wie ein Ethnologe einen bislang unbekannten Stamm in Papua-Neuguinea beschreibt er die eigenartigen Gebräuche und seltsamen Verhaltensweisen jener Nachbarn, die den Österreichern schon immer ein wenig zu laut, zu kräftig und zu unkultiviert erschienen: die Deutschen!

Lesen Sie mehr unter: **www.blanvalet.de**

Rabenmütter, Wochenendväter, Teilzeitkinder – und alle total am Ende?

256 Seiten. ISBN 978-3-442-37937-8

Ihr Kind hat beim Frühstück getrödelt. Deshalb kommt sie zu spät ins Büro – und entschuldigt sich mit einem davongefahrenen Bus. Eine junge Mutter wie so viele andere, in der Rushhour des Lebens zwischen Kind und Karriere. Eine Woche lang begleitet dieses Buch sie durch den Alltag – der genau durchgeplant ist, um Muttersein, Job und Beziehung unter einen Hut zu bringen. Muss das Leben einer Frau, die weder auf ein Kind noch auf ihren Job verzichten will, noch immer an Wahnsinn grenzen?

Lesen Sie mehr unter: **www.blanvalet.de**

Eine Diva auf Busreise – unübertrefflich komisch!

384 Seiten. ISBN 978-3-442-37826-5

Wie ihr Göttergatte Tim sie von dieser Schnapsidee überzeugen konnte, weiß sie nicht mehr. Doch eines Tages sitzt Doreen – kapriziöse Shopping-Prinzessin mit Schuhtick – allen Ernstes in einem zum Camper umgebauten Bus und reist mit ihrem Mann kreuz und quer durch die USA. Mit an Bord: ein Riesenpudel, zwei eigenwillige Katzen und nur die allernötigste podologische Grundausstattung. Und zwischen Alaska, Tornados und Nudisten-Camps steigt Doreen Orion schließlich zur stolzen »Queen of the Road« auf.

Lesen Sie mehr unter: **www.blanvalet.de**

blanvalet
DAS IST MEIN VERLAG

... auch im Internet!

twitter.com/BlanvaletVerlag

facebook.com/blanvalet